그림책 & 문학읽기

그림책과 문학 읽기 그림책 속에서 문학을 발견하다

초판 1쇄 인쇄 2011년 7월 10일
초판 1쇄 발행 2011년 7월 20일

펴낸곳 루덴스
펴낸이 이동숙
지은이 김주연
편 집 박정익, 김서정
디자인 모현정, 김효정
출판등록 2007년 4월 6일 제16-4168호
주소 서울시 강남구 도곡동 957-11 극동스타클래스 307호
전화 02-558-9312(3)
팩스 02-558-9314

값 12,000원
ISBN 978-89-93473-34-6 03800

ⓒ 김주연, 2011

잘못 만들어진 책은 교환해드립니다.
이 책 내용의 전부 또는 일부를 재사용하려면 반드시 저자와 출판사의 동의를 받아야 합니다.

그림책 속에서 문학을 발견하다

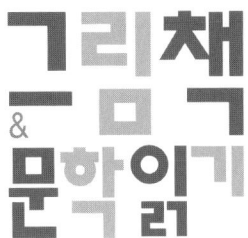
그림책 & 문학읽기

김주연 글

책을 내면서
그림책 속에서 문학을 발견한 것은
나로서는 작은 개벽이었다.

  평소 친숙한 편도 아니었던, 이른바 '아동문학'에 가까이 가게 된 것도 알 수 없는 끌림이었거니와 몇 줄에 불과한 그림책의 글들이 문학사조를 놀랍게 간추린 캐치프레이즈라는 것을 알게 되다니! 굵은 선으로 과장되고, 웅뚱뭉뚝 색칠된 그림들이 때로는 낭만주의를, 때로는 표현주의를 한마디로 요약하는 언어로 읽힌다는 것도 신기한 일이었다. 실제로 그림책은 오늘의 무성한 영상시대에 온갖 영상들, 그리고 오랜 전통의 종이책들 사이에서 화평한 얼굴을 하고 있는 중재자였다. 문학을 이토록 깔끔하게 그림으로 보여주다니…… 문단 45년이 넘어서의 내 외도는 너무나 즐거웠다.

  이 책은, 나에게 그림책들을 자료로 제공해주고 이 일에 신나했던 김서정 선생, 프뢰벨에서 장기간 특강시간을 마련해 주었던 이동숙 사장과의 공동작업의 결과이다. 그들은 모두 사실상의 공저자이다. 특강을 기록하고 정리하는 일도 편집부에서 했으니 나는 새로운 개안으로 흥분한 일밖에는 별다른 몫이 없다. 이 흥분이 문학을 아직도 사랑하고 있는 이들의 흥분으로 전염되기를 희망한다.

2011. 5 김주연

차례

책을 내면서 5

1부
훌륭한 그림책, 문학
1 문학이란 무엇인가 9
2 낭만주의와 『호두까기 인형』 29
3 낭만적 서정의 세계와 『하멜른의 피리 부는 사나이』 『기적의 시간』 43
4 페미니즘과 『돼지책』 『종이 봉지 공주』 『제랄다와 거인』 63
5 계몽주의와 『더벅머리 페터』 『바다 건너 저쪽에는』 77

2부
그림책으로 보는 현대 문학의 흐름
6 초현실주의와 『벌거벗은 코뿔소』 『이상한 화요일』 89
7 표현주의와 『빨간 나무』 『달라질 거야』 105
8 실존주의와 『나랑 같이 놀자』 『변신』 『100만 번 산 고양이』 119
9 프로이트와 꿈, 『고릴라』 『괴물들이 사는 나라』 135

3부
문학의 샘과 뿌리
10 우주적 상상력과 신화 이야기 『신화 속 괴물』
　『나는 우주 어디에 있는 걸까?』 147
11 기독교와 자연의 섭리, 『하나님이 너를 주셨단다』
　『무슨 일이든 다 때가 있다』 159
12 전래동화와 신비주의 『당나귀 공주』 『룸펠슈틸츠헨』 169
13 명작과 그림책 『로미오와 줄리엣』 181

주　189

1부 훌륭한 그림책, 문학

1 문학이란 무엇인가

　제가 그림책과 아동문학에 대해 관심을 갖게 된 것은 얼마 되지 않습니다. 아동문학은 제 전공인 독일문학과 아주 긴밀한 관계가 있기에 이 관심은 오히려 늦은 감이 없지 않습니다. 더구나 지금은 많은 사람들이 아동문학에 관심을 가지고 있지요.

　독일문학의 본질은 낭만주의이며, 낭만주의 안에서 태동된 장르가 바로 '메르헨Märchen'입니다. 메르헨은 낭만주의에서 나온 독일문학의 가장 중요한 장르로, 어느 나라 문학이든지 아동문학의 본질로 들어가면 독일 메르헨과 만나지 않을 수 없습니다. 아동문학 가운데서도 저는 '그림책'이라는 장르가 독일 메르헨과 어떤 관계가 있는지 말하고자 합니다.

　그림책이 무엇인지 알기 위해서는 우선 '문학'에 대한 개념의 정립이 필요합니다. 문학이란 무엇인지 이해가 필요한 것이지요. 이런 이유에서 저는 독일의 시인이었던 라이너 마리아 릴케Rainer Maria Rilke가 1912년부터 1922년까지 썼던 『두이노의 비가』라는 전 10편의 시 가운데 제1비가 앞부분을 통해 문학이란 무엇인지 살펴보겠습니다. 여러 번역판을 참고하여 다시 옮겨봅니다.

내가 설령 울부짖는다 해도 여러 서열의 천사들 중 누가 이 소리를 들어줄 것인가? 만일 천사가 하나

갑자기 나를 가슴에 끌어안는다면 그 강한 존재에 눌려 나는 사라지리라. 왜냐하면 아름다움이란 우리가 겨우 견딜 수 있는 놀라움의 시초에 불과하기에.

우리가 그토록 찬탄하는 것은 그로 인해 우리가 파괴되기 때문이다. 천사는 모두 무서운 존재.

그러므로 스스로를 억누르며 어두운 오열이 유혹하는 부름을 나는 그저 삼켜버린다.[1]

저는 이것을 이렇게 풀이해 봅니다.

여러 서열, 즉 질서의 무리를 이루고 있는 천사들 가운데서 갑자기 한 천사가 나를 끌어안는다 하더라도 나는 그 강한 존재, 천사의 존재에 눌려 스러져 없어져 버리고 말 것이다. 왜냐하면 아름다움이란 우리가 겨우 견딜 수 있는, 놀라움의 시작 외에 아무것도 아니니까.

원래 릴케는 기독교인이었습니다. 하지만 릴케의 인생은 기독교에서 실존주의로 옮겨가 끝납니다. 실존주의는, 쉽게 풀이하면, 실제로 존재하는 것이 중요하다는 주의입니다. 1950년대 이후, 즉 20세기 후반이 시작되는 50, 60, 70년대 초까지를 일반적으로 실존주의 시대라고 이야기합니다만, 실존주의는 이미 1920년대 릴케에서부터 시작되고 있었습니다.

여기서 '천사'는 신을, '나'는 인간을 상징합니다. 그러므로 신이 인간을 보살펴줄 리가 없다는 말이 되지요. 설사 신이 인간을 껴안아준

다고 하더라도 인간이 받아들이지 않습니다. 고맙지만 사양하겠다는 것입니다. 왜냐하면 하나님의 세계와 신성의 아름다움은 오직 놀라움일 뿐이기 때문입니다. 그 놀라움의 이유는, 아름다움이 우리를 천천히 파괴하기 때문입니다.

> 아, 우리는 그 누구를
> 부릴 수 있는가? 천사도 아니고 인간도 아니다.[2]

저는 이를 '천사는 쓰다듬어 주려 하지만 인간이 내가 어찌 천사를 '이용'할 수 있단 말입니까, 뿐만 아니라 나는 인간도 이용할 수가 없습니다'라고 해석합니다. 여기서부터 현대문학의 사실적인 출발이 시작됩니다. 그렇다면 '현대'는 언제부터일까요? 일반적으로 19세기 중반 니체, 보들레르 같은 철학자, 예술가, 시인들의 시기를 '현대'라고 일컬었으며, 그 이후로는 신성의 자리를 대신해 인간성이 들어앉은 시기를 '현대'라고 부릅니다. 그렇기에 기독교적인 문맥에서 봤을 때 현대는 저주받은 시기입니다. 신의 자리를 인간에게 내주었으니까요. 그러므로 제가 말하고자 하는 현대문학은 누가 누구를(혹은 무엇을) 이용할 수 없다는, 이용하지 않는다는 것을 의미하는 것이지요.

위의 내용을 아홉 권의 그림책에 적용시켜 보겠습니다. 세 가지 카테고리로 나눠서 살펴보겠는데요. '문학의 본질'이란 측면에서 『치마를 입어야지, 아멜리아 블루머!』 『나랑 같이 놀자』 『100만 번 산 고양이』를 살펴보고, '문학의 내용'이란 면에서 『변신』 『빨간 나무』 『괴물들이 사는 나라』를, '문학의 기능'이란 면에서 『신통방통 제제벨』 『오

1-1 『100만 번 산 고양이』 "고양이는 임금님을 싫어했습니다."

스카만 야단 맞아!』, 『제랄다와 거인』을 살펴보겠습니다.

우선 『100만 번 산 고양이』를 볼까요? 이 고양이는 백만 번을 다시 삽니다. 주인은 임금에서 마술사, 뱃사람, 도둑, 어린 여자아이, 할머니 등으로 옮겨갑니다. 그러나 고양이는 그 주인들을 모두 싫어합니다. 죽는 것 따위는 아무렇지도 않게 됩니다.

한때 고양이는 임금님의 고양이였습니다. 고양이는 임금님을 싫어했습니다.
임금님은 싸움 솜씨가 뛰어나 늘 전쟁을 했습니다. 그래서 고양이를 멋진 바구니에 담아 전쟁터에 데리고 다녔습니다.

어느 날 고양이는 날아온 화살에 맞아 죽고 말았습니다.

임금님은 전쟁이 한창인데도 고양이를 껴안고 울었습니다.

임금님은 전쟁을 그만두고 성으로 돌아왔습니다. 그리고 성의 정원에 고양이를 묻었습니다.³

한때 고양이는 누구의 고양이도 아니었습니다.

도둑고양이였던 것이죠.

고양이는 처음으로 자기만의 고양이가 되었습니다. 고양이는 자기를 무척 좋아했습니다.

어쨌든 고양이는 멋진 얼룩 고양이였으므로, 멋진 얼룩무늬 도둑고양이가 되었습니다.⁴

『100만 번 산 고양이』는 문학의 개념 정리에 아주 핵심적인 책입니다. 내용상 마지막에서 고양이는 임금의 고양이도 누구의 고양이도 아닌 '자기만의 고양이'로 세상을 뜹니다. 앞서 언급한 『두이노의 비가』의 '아, 우리는 그 누구를 / 부릴 수 있는가? 천사도 아니고 인간도 아니다.'와 맞물리는 부분이지요. 릴케의 글을 계속 보도록 하겠습니다.

그런데 눈치 빠른 짐승들은 이 해석된 세계에서 우리가 그렇게 편안하게 살고 있지 못함을 알아차린다. 아마도 우리에게는 날마다 보게 될, 비탈에 선 한 그루 나무만이 남아 있을 것이다. 어제 거닐던 거리와

우리와 함께 살기를 좋아하는

습관의 왜곡된 성실성이 남아 있을 뿐. 그것들은 남아서 가지 않았다.⁵

1-2 『100만 번 산 고양이』 "고양이는 처음으로 자기만의 고양이가 되었습니다. 고양이는 자기를 무척 좋아했습니다."

여기서 언급하는 '습관의 왜곡된 성실성'이란 무엇일까요.

우리는 습관에 물들어 살고 있습니다. 세상의 일을 모두 껴안고 사는 듯 하지만 사실은 늘 같은 일을 반복하고 이야기하지요. 그것을 릴케는 왜곡된 성실성, 그릇된 성실성이라 본 것입니다. 즉, 이 세상은 원래의 세상이 아닌, 사람들이 해석한 세상이라는 말입니다.

예를 들어, 새 요강이 있다고 합시다. 그것이 요강이라는 것을 모른다면 우리는 그릇으로도 사용할 수 있겠지만, 그것이 무엇인지 알고 있기 때문에 그렇게 사용하지 않습니다. 바로 그것을 그릇이 아닌 '요강'이라고 해석하고 있기 때문입니다. 인간에 의해서 이름이, 용도가 그렇게 붙여졌기 때문입니다. 이처럼 이 세상의 모든 것은 해석되어 있습니다. 하이데거는 모든 사물, 세상, 현상, 심지어 인간들까지도 사람들에 의해서 해석되고 있다고 말했습니다. 사물에 붙어 있는 이름을 없앴다고 생각해 보십시오.

일상이란 『100만 번 산 고양이』에서처럼 고양이가 다시 고양이가 되고, 끊임없이 죽임을 당하고 죽는 모습입니다. 그럴 때 고양이는 아무도 좋아하지 않습니다. 자기 자신까지도 좋아하지 않습니다. 문학은 일상에서 벗어나야만 합니다. '자기만의'의 것이 되어야 하는 것입니다. 이것이 현대문학의 본질입니다.

문예사조별로 볼 때 현대문학의 주된 핵심은 실존주의와 함께 합니다. 앞서 70년대 초까지 실존주의가 세계 문예사상을 풍미했다고 했습니다만, 실질적으로는 그 이전 릴케, 훗설, 하이데거가 이미 실존주의 이론을 형성했습니다. 사물을 그 자체로 보자는 것이 실존주의의 성격입니다. 즉, 해석된 세계를 거부하고 자신이 시인이나 작가가 되어 스스로 해석하는 것이 문학입니다.

문학은 모든 억압(이 억압이란 밖에서 들어오는 억압, 자기 내부에서 솟아나는 억압을 모두 말합니다)에 저항하고 이 세상을 자기 나름대로 재해석하는 행위입니다. 그리고 새롭게 보는 행위입니다. 질서라는 것 자체가 이미 하나의 억압입니다. 그러므로 문학은 근본적으로 저항이며 새롭게, 달리 보는 것입니다. 이것이 문학의 본질입니다.

이번에는 '달리 보기'를 알 수 있는 책, 『치마를 입어야지, 아멜리아

1-3 『치마를 입어야지, 아멜리아 블루머』 "그게 뭐가 올바르다는 거예요?"

블루머!』를 보도록 하겠습니다.

> 또 드레스 속에 입는 코르셋을 어찌나 졸라매는지, 숨도 못 쉴 지경이었어요.
> 올바른 숙녀들은 툭하면 기절하곤 했어요.
> 그게 뭐가 올바르다는 거예요?**6**

이 책은 "해석된 세계 속에서 나와라", "습관의 왜곡된 성실성으로부터 나오라"는 릴케의 말을 쉽게 이해할 수 있게 합니다. 주어진 세계의 질서가 '뭐가 올바르다는 거예요?' 하고 따져 묻는 것이지요.

1-4 『나랑 같이 놀자』 "내가 개구리를 붙잡으려고 하자, 개구리도 펄쩍 뛰어 도망가고 말았죠."

위의 두 그림책은 짧은 글 속에 문학의 본질이 압축되어 들어가 있습니다. 계속해서 문학의 본질을 알아보기 위해 『나랑 같이 놀자』를 살펴보도록 하겠습니다.

내가 말을 건넸습니다.
"개구리야, 나하고 놀자."
내가 개구리를 붙잡으려고 하자, 개구리도 펄쩍 뛰어 도망가고 말았죠.⁷

개구리도 돌아와 풀밭에 앉았습니다.

느림보 거북도 통나무 위로 다시 기어 올라왔지요.[8]

　이 책은 인간화의 문제를 다루고 있습니다. 책 속에서 사람은 자꾸만 동물을 인간화하려 하고 있지요.
　현상학에서는, 현상학 이전의 모든 철학을 '똥의 철학'이라고 합니다. 즉 진리가 순수한 진리가 아닌 인간화된, 인간에 의해 만들어진 배설물이라는 것입니다. 그렇게 진리가 인간을 통해 나왔으므로 진리란 인간이 만들어 놓은 인간적인 가설일 뿐, '그 자체의 진리'는 아니라는 것이지요. 곧, 현상학에서는 '사물 그 자체'를 드러내자고 주장합니다. 인간이 다른 사물들을 인간화시키기를 멈췄을 때 평화가 오고 억압 없는 세상이 이루어진다는 것인데요, 이것이 문학이 지향하는 바입니다. 문학은 그 자체로 아름다운 것입니다. 문학은 무얼 할 수 있는 것이 아닙니다. 문학은 그냥 존재하는 것인데, 아름다움 또한 존재하는 것이므로 그 존재 자체만으로서 억압으로 얽혀 있는 세상을 추문화합니다. 스캔들로 만들어 놓는다는 것이지요. 문학은 그 자체의 아름다움으로서 문학 외의 모든 것을 무력화시킵니다.
　『나랑 같이 놀자』에서 좀처럼 가만 있지 못하는 주인공 아이의 모습을 보면 우리는 인간의 죄악적인 면을 엿볼 수 있습니다. 사물을 그 자체로 놓아두지 않고 붙잡아 이용하려 할 때 그것은 인간에 의해 왜곡됩니다. 동물들은 그것을 피하고 자기 자신을 지키기 위해 도망갑니다. 그러나 인간이 무언가를 붙잡으려 하지 않았을 때 모두 인간에게 돌아오는 것을 볼 수 있습니다.

1-5
『빨간나무』 (오른쪽)
"내가 바라던 바로 그 모습으로"

1-6 『괴물들이 사는 나라』 (왼쪽) "그날 밤에 맥스는 제 방으로 돌아왔어"

문학은 그 자체가 현실이 아닙니다. 재미없는 현실을 옮겨놓은 것이 아니라, 넓은 의미에서(판타지나 환상 이야기가 아니더라도) 환상적인 것입니다. 모든 예술이 그러하지요. 이번에 볼 책들, 『빨간나무』 『괴물들이 사는 나라』 『변신』이 그러한 속성을 보여주고 있습니다.

밝고 빛나는 모습으로
내가 바라던 바로 그 모습으로[9]

그날 밤에 맥스는 제 방으로 돌아왔어.
저녁밥이 맥스를 기다리고 있었지.[10]

1-7 『변신』 "모든 것이 원래대로 돌아와 있으니까요."

그레고리 샘슨은 다음 날 아침, 잠에서 깨어나 다시 한번 놀랐어요. 모든 것이 원래대로 돌아와 있으니까요. 그레고리는 두 팔과 두 다리로 기지개를 쭉 켜고 자리에서 일어났어요. 옷을 입고 방에 걸린 거울 앞에 섰어요. "히, 이젠 벌레가 아냐." 그레고리는 씩 웃었어요. 다시 사람이 되었으니, 식구들이 얼마나 기뻐할까요? 마이클도 마찬가지고요.

창문 밖에 조그만 벌레가 꼬물꼬물 기어가고 있었어요. 그레고리는 벌레한테 말했죠. "어저께 오지 그랬어. 그러면 같이 놀아 줬을 텐데." 그레고리는 까르르 웃음을 터뜨리고, 공중으로 힘껏 뛰어올랐어요. "야호!" 그레고리는 식구들에게 빨리 자기의 모습을 보여 주려고 계단을 뛰어 내려갔어요.

그레고리 샘슨이 딱정벌레로 지낸 하루는 그렇게 끝이 났답니다.[11]

이 책들은 모두 환상적인 이야기로서, 모든 비극적인 일들이 갑자기 닥쳐오지만 결국에는 희망의 빨간 나무가 솟아나는(『빨간 나무』) 괴물

1-8 『신통방통 제제벨』 (왼쪽) "학교에서는 늘 모든 과목에서 일등을 했지요."

1-9 『오스카만 야단 맞아』 (오른쪽) "강아지를 아빠처럼 꾸민 것도 빌리인데 야단 맞는 건 오스카예요."

들과 함께 놀다가 결국에는 집으로 돌아오는(『괴물들이 사는 나라』) 벌레로 변했지만 마지막에는 다시 사람의 모습으로 돌아와 가족의 품에 안기는(『변신』) 구조를 취하고 있습니다. 성인문학은 상황에 의해 주인공이 파멸되는 구조나 상황을 극복하고 나가는 구조를 취하는 경우가 많지만, 그림책에서는 환상은 환상 그 자체로 끝나는 경우가 드물고 현실로 돌아옵니다. 그렇게 현실과 환상을 대비시키는 모습을 보이는 것은 환상을 통해 현실을 다르게 볼 수 있기 때문입니다.

『신통방통 제제벨』『오스카만 야단 맞아!』『제랄다와 거인』에서는 문학의 다양한 기능을 살펴볼 수 있습니다.

제제벨은 선물을 받으면 누가 시키지 않아도 꼭 '고맙습니다' 하고 편지를 썼어요. 그것도 아주아주 깨끗한 글씨로 말이에요.

1-10 『제랄다와 거인』 "그 맛이 어찌나 좋았던지 제일 좋아하던 요리, 그러니까 어린아이들을 먹고 싶은 생각이 싹 사라지고 말았습니다."

학교에서는 늘 모든 과목에서 일등을 했지요.¹²

『신통방통 제제벨』은 뭐든 잘하고 모범생인 제제벨이 악어에게 잡아먹힌다는 이야기인데요, 이 설정은 카타르시스의 기능과 동화同化의 기능을 보여준다 할 수 있습니다.

강아지를 아빠처럼 꾸민 것도 빌리인데……
……야단 맞는 건 오스카예요.¹³

『오스카만 야단 맞아!』는 한 개인 속에 있는 양면성을 보여주고 있습니다. 천진난만하기 짝이 없는 얼굴을 한 오스카는 못된 장난을 도맡아하는 '빌리' 때문에 늘 억울하게 야단맞는 것처럼 보입니다. 그러나 마지막 장면에서는 오스카가 바로 빌리였음이 드러납니다. 악마처럼 돌변한 오스카가 춤을 추는 이 장면은 근엄한 남자어른과 개를 뒤섞어놓은 위 장면과 함께 인간의 이중성을 가볍고 유쾌하게, 그러나 예리하게 지적하고 있습니다.

굶주린 거인이 얼마나 불쌍해 보였던지, 제랄다는 장에 내다 팔 물건을 절반이나 써 버렸답니다. 곧, 거인 앞에 음식을 갖다 놓았어요.

화란 냉이 크림 스프,
소스를 친 훈제 송어,
달팽이 마늘 버터 볶음,

통닭 구이 한 쟁반,

새끼 돼지 한 마리.

다시 정신이 돌아온 거인은 점점 더 관심어린 눈길로 제랄다를 빤히 쳐다보았습니다.

이런 맛은 모두 생전 처음이었습니다.

그 맛이 어찌나 좋았던지, 제일 좋아하던 요리, 그러니까 어린아이들을 먹고 싶은 생각이 싹 사라지고 말았습니다.

이제껏 먹어 본 음식 중에 제일 맛있었거든요.

"사랑스런 꼬마 아가씨, 나는 성에서 살고 있어. 지하실에는 금이 가득 차 있지. 나와 함께 성으로 가서, 내게 요리를 해 준다면, 금을 아주 많이 주겠어." 거인이 말했습니다.[14]

『제랄다와 거인』에서는 제랄다로 상징되는 문화의 세계가 거인으로 상징되는 폭력의 세계를 이겨내는 것을 볼 수 있습니다. 제랄다는 단순히 요리를 하는 것이 아니라 '책을 보고' 요리를 합니다. 이 요리로 제랄다는 사람 잡아먹는 거인의 입맛을 바꿔 놓았습니다. 고급한 문화로 폭력을 제압하고 있는 것입니다.

이렇게 하여 문학의 본질과 내용, 기능에 대해 살펴보았습니다. 그러니까 문학은, 『100만 번 산 고양이』에서처럼 백만 번 되풀이되어온 일상을 벗어나는 것입니다. 『나랑 같이 놀자』에서처럼 인간이 써먹으려고 하면 달아나고, 존재 그 자체로 놓아두면 다가오는 것입니다. 『치마를 입어야지, 아멜리아 블루머!』에서처럼 치마입기를 거부하고 바지를 입는 것, 그러니까 지금까지의 해석을 거부하고 새로운 해석을 내리는 것입니다. 『신통방통 제제벨』에서처럼 카타르시스를 주는 것입니다. 『오스카만 야단 맞아!』에서처럼 한 개인 속에 있는 양극성을 보여주는 것입니다. 『제랄다와 거인』에서처럼 문화가 폭력을, 여성성이 남성성을, 아이가 어른을 이겨내거나 보듬거나 감화시키면서 평화로운 세상을 만드는 것입니다.

다음 장부터 저는 문학사조와 관련된 여러 그림책을 살펴보고자 합니다. 시대적인 문학의 흐름에 따른 문학사조와 각양각색의 문학적인 테마들이 특색 있게 병렬되어 있는 것을 함께 어울러 보자는 취지에서 목차를 정했음을 밝힙니다.

2 낭만주의와 『호두까기 인형』

　우선 저는 그림책이 단순한 그림책이 아니라 그 속에 깊은 문학성이 있는 장르임을, 깊은 전통이 있음을 말하고자 합니다. 일러스트에서 설치미술에 이르기까지, 오늘날 미술의 세계는 굉장히 넓습니다. 이는 문학과 별개의 것이 아닙니다.

　그럼 이제부터 유명한 『호두까기 인형』을 살펴보도록 하겠습니다. 『호두까기 인형』은 독일 작가 E.T.A. 호프만(1776~1822)의 작품입니다. 이 작품은 발표될 당시에는 그림책이나 동화가 아닌 소설 형식이었습니다. 하지만 시간이 흐르면서 내용 중 일부가 어린이용 이야기로 받아들여졌고, 그림책이나 무용극처럼 어린이용 매체에 차용되는 일도 잦아졌습니다.

　서양의 동화 중에는 크리스마스와 관련된 이야기가 많습니다. 크리스마스가 산타, 선물, 아기예수 등 어린이와 굉장히 밀접한 관계에 있기 때문이 아닌가 싶습니다.

　『호두까기 인형』은 '크리스마스이브, 선물, 마리의 사랑, 놀라운 사건, 전투, 병이 난 마리, 단단한 호두에 대한 동화, 삼촌과 조카, 승리, 인형의 나라, 수도, 끝', 이렇게 열두 개의 장으로 구성됩니다. 저는 이것을 세 단락으로 나눠 살펴볼까 합니다. '마리의 사랑' 까지를 서론 부분으로, '삼촌과 조카' 까지를 핵심 본론 부분으로, '끝' 까지를 마지막 부분으로 보도록 하겠습니다.

이 이야기의 주인공은 3남매 중 막내인 마리와 시계 제작자이자 연금술사이기도 한 드로셀마이어입니다. 이야기에서 '대부' 라고 칭하는 드로셀마이어는 판사입니다. 그런데 작가 호프만 자신이 실제로 판사였습니다. 평소에는 직분에 맞게 공정한 판결을 내리기로 유명한 판사였는데, 해가 뉘엿뉘엿 넘어가면 호프만은 다른 얼굴이 되었습니다. 시내와 술집을 어슬렁거리며 밤을 보냈지요. 그리고 집으로 돌아와 글을 썼습니다. 『호두까기 인형』 속의 드로셀마이어는 호프만 자신의 분신인 셈입니다.

드로셀마이어는 마리의 집에 올 때마다 신기한 물건을 가지고 옵니다. 크리스마스 이브에도 선물을 가지고 옵니다. 바로 호두까기 인형이지요.

사실 마리가 크리스마스 탁자 옆에 계속 있고 싶었던 진짜 이유는 따로 있었다. 여태껏 눈에 띄지 않던 새로운 것을 막 발견했기 때문이었다. 그것은 아주 멋지게 생긴 작은 남자였다. 전나무에 바싹 붙어 사열 받던 프리츠의 경비병들이 출동해 버린 뒤에야 겨우 눈에 띈 작은 남자는 마치 자기 차례가 오기를 조용히 기다리는 듯 말없이 겸손하게 서 있었다.
물론 그 작은 남자의 몸집에 대해서는 이러쿵저러쿵 트집잡을 것이 많았다. 좀 크고 억센 상체가 작고 가느다란 다리에 잘 어울리지 않는 것까지는 그렇다 치더라도, 머리마저 너무나 커 보였기 때문이다. 그러나 말쑥한 옷

2-1 『호두까기 인형』, "물론 그 작은 남자의 몸집에 대해서는 이러쿵저러쿵 트집잡을 것이 많았다."

차림 덕분에 작은 남자는 고상한 취미와 교양을 갖춘 사람으로 보였다. 작은 남자는 하얀 술과 단추가 많이 달린 아름다운 자줏빛 경기병 상의에, 똑같은 자줏빛의 착 달라붙는 바지를 입고, 아주 멋진 장화를 신고 있었다.**15**

"아!" 드디어 마리가 외쳤다. "아빠, 저기 전나무 옆에 있는 귀여운 작은 남자는 누구 거예요?"

"그 사람은," 아버지가 대답했다. "너희 모두를 위해 열심히 일을 할 거야. 단단한 호두를 깨물어서 너희들에게 까 줄 거다. 네 것이기도 하고 프리즈와 루이제 것이기도 하단다."**16**

낭만주의와 『호두까기 인형』 33

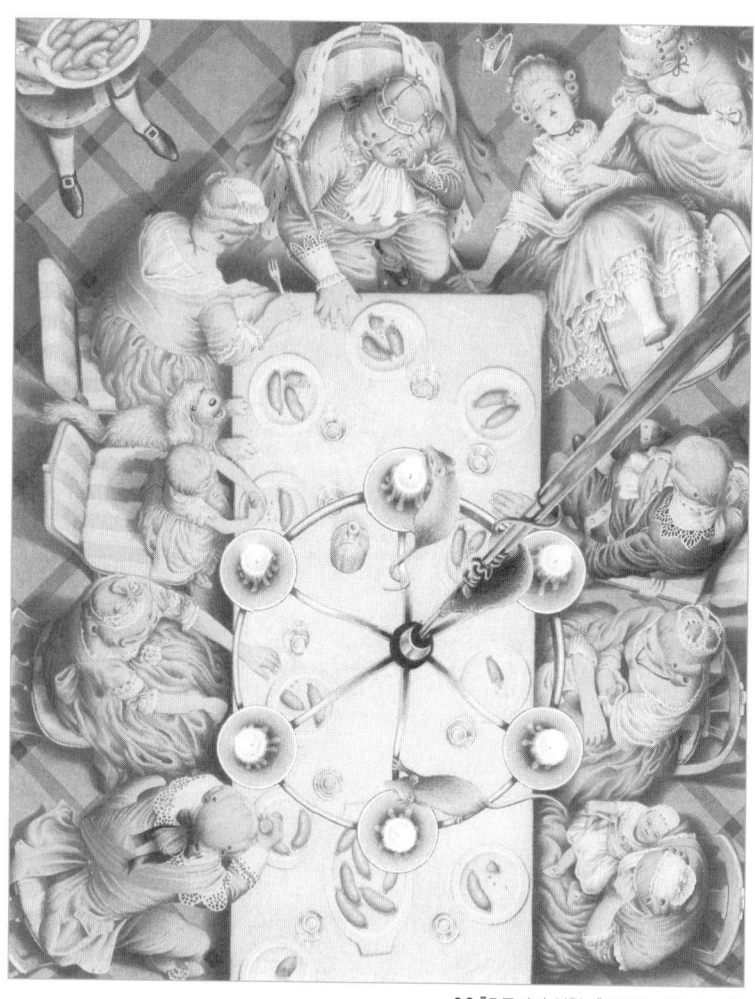

2-2 「호두까기 인형」 "비계가 너무 적도다!"

동생 마리가 호두까기 인형을 좋아하는 모습을 보고 오빠 프리츠는 질투를 느낍니다. 심술이 난 프리츠는 호두까기 인형을 못살게 굴고, 작은 이 세 개가 호두까기 인형의 입 밖으로 떨어져 나오지요. 오빠 프리츠로 인해 호두까기 인형이 고장도 납니다만, 결국은 그렇게 마리의 집안에 안착하게 됩니다. 그리고 드로셀마이어는 마리에게 옛 이야기를 풀어놓습니다.

낭만주의는 18세기 중반부터 19세기 초반까지의 사조입니다. 이 당시, 특히 독일에서 나온 대부분의 작품은 그 작품의 화자가 다른 이야기를 하는 것이 공통점으로 나타납니다. 격자소설처럼 이야기 속에 또 다른 이야기가 있음을 발견할 수 있지요. 드로셀마이어가 말해주는 이야기처럼 말입니다.

드로셀마이어의 옛 이야기는 이렇습니다. 소시지를 너무나 좋아하는 왕을 위해 손수 소시지를 만들던 한 왕국의 왕비가 생쥐 여왕인 '마우제링크스 부인'에게 고기 비계를 나눠줍니다. 그런데 마우제링크스 부인의 일곱 아들 뿐만 아니라 친척까지 나와 비계를 먹어 치웁니다. 그나마 여자 궁내 대신이 와서 쥐들을 내쫓아 비계가 조금 남지요. 왜 왕비가 마우제링크스부인에게 비계를 주었을까요. 물론 표면적으로는 동정심 때문입니다. 그러나 이것이 바로 비극의 시작입니다. 왕비가 마우제링크스 부인에게 비계를 나눠준 사건은 이 책에서 가장 중요한 모티프 중 하나입니다.

왕이 거의 들릴 듯 말 듯 중얼거린 말은 '비계가 너무 적도다!' 였다. 그러자 왕비가 어쩔 줄 몰라하며, 왕의 발 아래 몸을 던지고 흐느꼈지. '오, 불쌍

하고 불행한 왕인 남편이시여! 오, 그런 고통을 감수해야 하시다니! 그러나 당신 발 아래 꿇어 엎드린 죄인을 굽어보시옵소서. 엄한 벌을 내리시옵소서, 벌을 내리시옵소서. 아아, 마우제링크스 부인이 일곱 아들과 남녀 친척들을 데리고 와서 비계를 먹어 버렸어요. 그리고……' 이 말을 하며 왕비는 기절하여 뒤로 쓰러져 버렸어.[17]

그 뒤로 왕은 마우제링크스 부인의 전 재산을 압수하고 이 문제를 연금술사인 드로셀마이어에게 맡깁니다. 드로셀마이어는 쥐덫을 만들고, 마우제링크스 부인 외에 아들과 친척들이 모두 죽고 말지요. 마우제링크스 부인은 복수를 꿈꾸게 됩니다.

마우제링크스 부인은 진짜로 다시 나타났어. 남편인 왕을 위해서 왕비가 막 허파를 갈아 만든 요리를 하고 있을 때였지. 부인이 말했다. '내 아들들, 내 친척들이 처참하게 죽었습니다. 조심하십시오, 왕비님. 생쥐 왕이 당신의 어린 공주를 깨물어 두 토막을 내지 않도록 조심하십시오.'[18]

그러나 보모들이 피를리파트 공주를 보았을 때, 그리고 그 예쁘고 귀여운 아기가 어떻게 되었는지를 알았을 때, 경악하지 않을 수 없었단다. 하얗고 빨간 금빛 고수머리를 한 작은 천사의 얼굴 대신, 기형으로 생긴 커다란 머리가 아주 작고 왜소하게 쪼그라든 몸통 위에 붙어 있었다. 그 하늘같이 파랗던 두 눈은 툭 튀어나와 멍하니 응시하는 초록색 눈으로 변해 있었고, 입은 한쪽 귀에서 다른 쪽 귀까지 쭉 찢어져 있었어.[19]

공주는 어떻게 해야 아름다운 모습으로 다시 돌아올 수 있을까요? 공주가 회복될 수 있는 유일한 방법은 수염을 단 한 번도 깎지 않고 장화도 한 번 신어본 적 없는 청년이 아주 특이한 호두를 깨물어서 공주에게 먹인 후 일곱 번 뒷걸음질을 치는 것이었습니다. 이 특이한 호두의 이름은 '크라카툭 호두'였지요. 이 호두를 찾은 청년은 호두를 공주에게 먹인 후 일곱 번 뒷걸음치지만, 이때 마우제링크스 부인이 다리를 걸어 넘어뜨립니다. 이렇게 하여 공주는 아름다움을 되찾았지만 그 대신 청년의 얼굴이 기형이 됩니다. 이 청년은 마우제링크스 부인을 죽이지만, 추한 괴물이 된 청년을 보며 왕은 공주와의 결혼을 반대합니다. 그리고 청년은 어떤 아가씨가 자신을 사랑해 줘야만 마법이 풀리게 된다는 것을 알게 되지요.

드로셀마이어의 이야기는 여기에서 끝납니다. 마리는 그 청년이 누구일까, 혹시 드로셀마이어의 조카가 아닐까, 이야기 속의 드로셀마이어가 자신에게 선물을 준 드로셀마이어 대부가 아닐까 의문을 갖게 되지요. 그리고 생쥐에게 복수할 것을 다짐하게 됩니다. 이 모든 일들은 이 책에서 성취가 됩니다. 마리는 결국 그 청년과 결혼을 합니다.

사실 이 모든 일은 마리의 환상 속에서 일어나는 것입니다. 크리스마스이브 밤 12시 정각에 마리가 유리에 박혀 기절을 하여 전의식(의식과 무의식 상태의 중간) 속에서 일어나는 일이지요. 그 환상의 나라는, 이런 나라입니다. 정말 환상적이지요.

그 주변에는 아주 정교하게 만들어진 분수 네 개가 레모네이드와 여러 맛있고 달콤한 음료수들을 공중으로 뿌리고 있었다. 그리고 분수 받침대에는

사람들이 즉시 숟가락으로 떠 먹을 수 있는 새하얀 크림들이 고이고 있었다.[20]

　현대 그림책을 보면, 그림책 배후에 있는 문학적인 깊이와 의미가 많이 달라졌음을 알 수 있습니다. 카프카의 『변신』을 따다가 그림책 『변신』을 만들고, 아이들이 이해하지 못할 그림책을 만들기도 하지요. 이것은 문학의 흐름과 무관하지 않습니다. 표현주의, 신표현주의가 갖고 있는 소외나 뒤집음의 문제를 다루고 있는 것입니다. 소위 '변주'가 일어나는 것이지요. 이 변주의 원형은 바로 낭만주의입니다. 그것을 우리가 『호두까기 인형』에서 찾아볼 수 있습니다.
　가장 원초적인 문학은 동화입니다. 요즘은 문화가 글보다는 동영상 중심으로 되어 가고, 가족의 형태는 핵가족화 되어 있습니다만, 분명 대가족 제도 아래 아이들이 할머니 품에서 옛이야기를 들려달라고 하던 시대가 있었지요. 옛날이야기는 구전되는 것입니다. 듣고 또 듣고, 다시 들을 수 있는 것입니다. 나중에야 그것이 누구의 어떤 이야기인지 알게 되는 경우가 있습니다. 이것이야말로 이중구조를 지닌 격자소설 형식이 되겠지요. 이것이 낭만주의부터 나온 형식입니다.
　상상의 종류는 두 가지로 나뉩니다. 환상과 공상이지요. 공상은 없는데 만들어내는 것이지만 환상에는 체험이 존재합니다. 낭만주의의 핵심은 상상이며, 상상의 두 가지 형태 중 환상에 가깝지요. 비현실적인 것입니다. 하지만 환상은 현실에 못 미친다는 의미가 아니라 현실을 넘어서는 의미를 지니고 있습니다.
　낭만적이라는 것은 관념적입니다. 실제적인 현실주의와는 다르지

2-3 『호두까기 인형』
"그 주변에는 아주 정교하게 만들어진 분수 네 개가
레모네이드와 여러 맛있고 달콤한 음료수들을 공중으로 뿌리고 있었다."

요. 그러므로 이야기는, 동화는, 메르헨은 낭만적인 경향이 있습니다. 이러한 경향으로 볼 때 동화는 어른들이 읽어도 아이들의 이야기가 아닌 환상적인 이야기가 되는 것입니다.

환상성, 화자를 통한 이야기의 전달의 성격(이중성), 그리고 신비주의적인 성향(신중심주의에 대립되는 의미에서의 신비주의), 이 세 가지가 낭만주의의 핵심적인 요소라고 할 수 있습니다. 이 세 가지가 바로 『호두까기 인형』, 이 작품에 집중적으로 들어 있는 것입니다.

『호두까기 인형』의 구조는 대단히 복합적입니다. 책의 마지막, 마리가 드로셀마이어 이야기 속의 그 청년이 누구인지, 혹시 마리가 갖고 있는 호두까기 인형은 아닌지 고민하는 부분은 독자에게 남겨주는 물음이기도 합니다. 이것이 바로 낭만주의적인 요소인데요, 리얼리즘의 합리주의와 달리 그런 질문을 독자에게 끊임없이 던져주는 것입니다. 낭만주의 작품의 재미이기도 하지요.

낭만주의의 원조라고 할 수 있는 독일 낭만주의 텍스트는 노발리스의 『파란꽃』입니다. 이 책은 『호두까기 인형』의 구조와 매우 닮아 있습니다. 청년 하인리히가 꿈에서 본 파란 꽃을 찾아 이곳저곳을 헤매다가, 결국에는 외할아버지 댁에서 사촌 마틸데를 보는 순간 꿈에서 본 파란 꽃이라 생각하고 결혼을 한다는 내용인데요, 이 책에서도 이야기 속에 이야기가 나오고 있습니다. 마틸데의 아버지, 즉 하인리히의 장인이 '사랑과 성실이 너희들을 영원한 시로 만들어준다'는 이야기를 하며 그것에 맞게 되는 많은 사랑 이야기를 들려주는 모습에서 알 수 있지요.

『호두까기 인형』의 주인공은 여자, 『파란꽃』의 주인공은 남자입니다. 『호두까기 인형』의 주인공은 드로셀마이어 이야기 속의 호두까기 인형을 만나고 『파란꽃』의 주인공은 애인 마틸데를 만나게 되지요.

호두를 깐다는 것은 두 가지 의미가 있습니다. 앞서 말했듯이 역경을 제압한다는 의미와 먹는다라는 의미지요. 호두를 까는 일은 매우 힘든 일입니다. 독일어에 "단단한 호두를 깐다"라는 말이 있습니다. '역경을 극복한다, 힘든 장애물을 제압한다'는 뜻이지요. 『호두까기 인형』에서 프리츠의 기마병은 생쥐 집단을 이기지 못하지만, 호두까기 인형은 이겨내지요.

낭만주의 시각에서 보면 전투도 '시'입니다. 낭만주의 시각에서 전쟁은 사실 그 결과가 예견되어 있고 동기가 대단히 낭만적입니다. 즉 환상, 공상, 상상, 동경과 결부되어 있는 것이지요. 일종의 헛된 욕망으로 시작되어 하나의 허상으로 끝나버리는 것이 전쟁입니다. 전쟁이 남기는 것은 아무것도 없습니다. 승리자에게도 폐허만을 남기지요. 그러나 호두까기 인형과 쥐들 사이에서 전투가 일어난 후 마리가 유리에 다쳐 기절을 한 부분에서, 그 기절은 패배가 아니라 오히려 환상의 세계로 들어가는 입구가 된다는 구도를 보이고 있습니다. 이것이 낭만주의가 가지고 있는 다른 문학사조와의 차이점입니다.

'사조'는 시대를 제쳐놓고 본다면 인간이 가질 수 있는 시각과 자세들을 보여줍니다. 그런 것들 가운데 낭만주의 태도와 자세, 인생관을 통해 획득할 수 있는 성과, 결과가 아닌가 생각해 봅니다.

화자는 작가가 만든 신입니다. 드로셀마이어가 시계 제작자이며 인형 제작자인 것은 시간을 창조하는 사람, 즉 기독교적인 신을 연상시키며, 연금술사는 신비주의적인 최초의 학자를 상징합니다.

이 작품을 간략히 요약하면, 세 부분으로 나눌 수 있습니다. 첫 부분은 드로셀마이어가 신의 입장에서 시간을 주관하고 그 안에서 일어나는 이야기를 통해 생쥐로 상징되는, 어떤 의미에서는 악의 세계이자 현실 세계(생쥐가 기병들의 형태로 나타나므로)를 보여주는 이야기입니다. 둘째 부분은 호두까기 인형과 마리의 세계, 즉 환상의 세계에서 결국에는 모든 것을 제압하는 호두까기 인형의 구원 능력이 상징적이고 복합적으로 처리되는 이야기입니다. 그리고 마지막은 마리가 모든 이야기를 정리하며 의문 부호를 남기는 이야기로 요약됩니다. 이 이야기들 안에 아까 말씀드린 낭만주의의 세 특징, 그러니까 환상성, 이중성,

신비주의적 성향이 잘 드러나 있습니다. 또한 드로셀마이어 이야기 속의 청년이 바로 호두까기 인형이 아닌가 하는 의문, 대화를 통하여 또 다른 세계로 들어간다는 점 등이 낭만주의가 표방하는 특징을 고루 갖추고 있어서 오늘날의 동화와 그림책의 모형이 되고 있다고 할 수 있습니다.

3 낭만적 서정의 세계와
『하멜른의 피리 부는 사나이』『기적의 시간』

　낭만주의는 문학의 기초이며 동시에 18세기 중반부터 19세기 중반까지의 특정한 문학 사조입니다. 그리고 오늘날 현대 문학 이론이 가장 빚지고 있는 사조이기도 합니다.

　낭만주의는 초기 낭만주의, 후기 낭만주의로 나뉘며 그 특징이 조금씩 다릅니다. 앞 장에서 보았던 『호두까기 인형』은 초기 낭만주의의 중요한 특징을 보여주며 환상(Fantastic)이 본질로 나타나 그 문제를 여러 가지 각도에서 다루고 있습니다. 지금부터 보려고 하는 『하멜른의 피리 부는 사나이』와 『기적의 시간』은 후기 낭만주의의 특징을 갖고 있는 작품입니다. 우선 『하멜른의 피리 부는 사나이』를 살펴보도록 하겠습니다.

　한 마을이 쥐 때문에 고생하는 그림이 나옵니다. 쥐가 치즈통 속에 들어가 치즈를 다 먹어치우고, 고양이까지 죽이는 등, 쥐 때문에 사람들은 괴로워하지요. 견디다 못하여 사람들은 시장(읍장)에게 따지기 시작합니다. 그리고 피리 부는 사나이가 등장합니다.

　　머리끝부터 발끝까지 길게 흘러내리는

반은 빨갛고 반은 노란 이상한 외투,

크고 깡마른 몸집,

바늘처럼 파랗고 날카로운 두 눈,

풀어헤친 엷은 머리칼과 까무잡잡한 살갗,

여자처럼 매끄러운 뺨과 수염 없는 턱,

그러나 웃음을 머금은 듯 만 듯한 입술.

아무도 그 사람이 누구인지 몰랐습니다.

그 키 큰 사람과 그 사람의 별난 옷차림을

좋아하는 사람은 아무도 없었습니다.

한 사람이 말했습니다.

"우리 증조 할아버지 같아.

저승 사자의 나팔 소리가 울리기 시작했나 봐.

막 단장한 무덤에서 걸어 나왔을 거야!"[21]

  이 묘사에서도 알 수 있듯, 피리 부는 사나이는 '신비' 화되고 있습니다. 사실 피리 자체가 신기하거나, 피리 부는 사나이가 신비한 것은 아닙니다. 피리나 피리 부는 사람은 이 세상에 실제로 있으니까요. 그런데 신비한 모습으로 나타나고 있습니다. '신비하다' 는 것은 없는 것을 말하는 것입니다. 귀신이나 도깨비를 두고 신비하다고 하는 것과 같은 맥락이지요. 여기서 피리는 후기 낭만주의의 한 부분을 보여주고 있습니다. 피리와 피리 소리는 문학의 중요한 모티브로, 동서양을 막론하고 많은 작품에 나오는데요, 피리의 소리는 사람의 마음을 어떤 식으로든 움직이기 때문이지요.

3-1 『하멜른의 피리 부는 사나이』 "아무도 그 사람이 누구인지 몰랐습니다."

피리에 대한 이야기를 하기에 앞서 신비주의에 대해 좀더 알아보도록 하지요. 한국 정신의 가장 기본적인 바탕은 샤머니즘입니다. 한국의 신은 그때그때 일정한 정책 없이 부유하며 사람과 부딪칠 때마다 그 사람을 주재하는 어떤 것입니다. 다시 말하면 신이 각 물체마다, 곳곳마다 존재하는 것입니다. 이 신들은 무질서합니다. 이것을 범신론이라고도 합니다.

그리스 로마 신화처럼 다신론인 경우에는 아폴로, 제우스, 에로스 등의 신들이 살아 있는 사람처럼 인격화되어 있고, 저희끼리의 질서가 존재합니다. 제일 높은 제우스 신으로 시작하여 그의 아들과 딸, 바다의 신, 질투의 신 등 신들이 체계적인 도표로 그려질 수 있는 것입니다. 다신이나 범신이나, 이 많은 신들은 사람들과 어떤 식으로든 만나 어떠한 일들을 일으킵니다. 이러한 일들은 참 오묘하게 일어납니다. 다신론이든 범신론이든, 이러한 모든 것을 통틀어 '신비주의'라고 말할 수 있습니다.

우리는 '신비하다'라는 말을 하나의 수사(rhetoric)로서 많이 사용합니다. "그 사람 어때?"라고 물었을 때 "분위기가 신비하다"고 말하는 것처럼 사용하는 것이지요. 이것은 어떤 영적인, 신적인 분위기의 '아우라'가 있는 것입니다. 이처럼 '신비함'은 교감을 통해서 나타나는 현상입니다. 그러므로 객관적인 텍스트는 없습니다.

다시 한 번 살펴보면, '신비神祕'는 '신(神)이 비하다(祕)', '신이 알려져 있지 않다'는 뜻으로 해석할 수 있습니다. 사람들에게 알려져 있지 않았기 때문에 사람들이 잘 모른다는 것입니다. 기독교나 이슬람같은 유일신 정신은 '신중심주의'라 할 수 있고, 우리나라 샤머니즘의 경우가 '신비주의'라고 할 수 있는 것입니다.

다시 『하멜른의 피리 부는 사나이』를 봅시다.

>크고 깡마른 몸집,
>바늘처럼 파랗고 날카로운 두 눈,
>풀어헤친 엷은 머리칼과 까무잡잡한 살갗,
>여자처럼 매끄러운 뺨과 수염 없는 턱,
>그러나 웃음을 머금은 듯 만 듯한 입술.[22]

피리 부는 사나이가 '신비'한 표정으로 그려져 있습니다. 이 사람은 이적異蹟을 행하기 시작합니다.

> 태양 아래 사는 모든 생물을 불러 모아,
> 제 뒤를 따르게 할 수 있습니다.
> 여러분 눈에 다시는 띄지 않도록.
> 저는 사람을 괴롭히는 생물들,
> 두더지, 도롱뇽, 두꺼비, 살무사 따위한테
> 마법을 거는 사람입니다.
> 사람들은 저를 짝짝이색 옷을 입은 피리 부는 사나이라고 부릅니다.[23]

오늘날 그림책의 상당 부분에는 마법이 들어가 있습니다. 이 '마법'은 바로 낭만주의부터 출발한 것입니다.

> 낯선 사람은 겸손하게 말했습니다.
> "저는 피리를 썩 잘 불지는 못하지만
> 지난 유월에는 타타르 지방의 황제를
> 엄청난 모기떼로부터 구해 주었고,
> 멀리 아시아 인도의 한 지배자를
> 끔찍스러운 흡혈박쥐떼로부터 살려 주었습니다.
> 여러분은 지금 어찌할 바를 모르고 있는 듯한데,
> 제가 여러분 마을의 쥐를 모두 물리쳐 준다면,
> 저에게 천 냥을 주시겠습니까?"[24]

3-2 『하멜른의 피리 부는 사나이』

피리 부는 사나이는 구원의 능력을 지닌 예수처럼 보입니다. 하지만 '천 냥'의 대가를 바라는 것으로 보아 예수처럼 보이지는 않지요. 이것을 저는 신비주의자의 전형으로 봅니다. 제가 규정하는 '신비주의자'라는 말 속에는 부정적인 뉘앙스가 포함되어 있습니다. 낭만주의와 신비주의는 손등과 손바닥과의 관계입니다. 낭만주의는 문학적인 표현이며 신비주의는 종교적, 철학적인 표현입니다. 그러나 낭만주의에는 긍정적인 요소가 있지요.

피리 부는 사나이는 약속한 돈을 받지 못하자 결국 아이들을 데리고 언덕으로 갑니다. 다리가 불편해 따라가지 못했던 아이 한 명을 제외한 모든 아이들은 언덕이 갈라지면서 생긴 동굴, 낙원 같은 곳으로 들어갑니다. 그리고 책의 마지막에서 이 살아남은 아이를 데리고 이런 이야기를 꺼내놓습니다.

> 그러니, 윌리야.
> 너와 나는 사람들의 상처를 다독거려 주는 사람이 되자.
> 특히 피리 부는 사람들을!
> 그들이 우리에게 피리를 불어 쥐를 쫓아 주겠다고 하든 안하든
> 우리가 약속한 것이 있다면, 그 약속을 꼭 지키자![25]

　바로 이 지점에서 『하멜른의 피리 부는 사나이』는 갑자기 계몽주의적인 처리를 하고 있습니다. 절름발이 아이를 남겨서 지금까지의 신비주의적인, 환상적인 이야기를 괄호 안에 묶어놓고 있는 것입니다. 동굴 안에 들어간 아이들이 동굴 속에서 파라다이스를 누렸다거나 하는 등 그 아이들의 행동은 더 이상 이야기되지 않습니다. 대신 화자(내레이터)를 살려놓고 있습니다. 계몽주의적인 이야기를 하기 위해서 말입니다. 낭만주의가 갖고 있는 신비주의적인 면을 보여주는 텍스트임에도 불구하고 이런 점이 발견되고 있습니다. 계몽주의적인 화자가 개입하여 결말을 처리한 것을 두고, 앞서 『호두까기 인형』에서처럼 작품 속의 작품인 격자소설의 구성을 보이고 있으니 낭만주의로 볼 수 있지 않으냐고 할 수도 있습니다. 하지만 내용으로 볼 때 형식만 낭만주의일 뿐 한계가 있습니다.

　어쨌든 이 모든 일은 피리 때문에 일어납니다. 모든 음악은 낭만주의의 소산입니다. 『하멜른의 피리 부는 사나이』의 피리는 모차르트의

마술피리처럼 소리를 통해 듣는 이의 감정을 좌지우지합니다. 피리 소리를 듣고 쥐들이 강물에 빠지거나 아이들이 동굴에 들어가는 것처럼 말입니다.

> 소리치고 깔깔거리며
> 황홀한 음악을 따라 즐겁게 뛰어갔습니다.[26]

환상 또는 꿈을 통해서 창의적인 재생산의 길로 가느냐, 『하멜른의 피리 부는 사나이』의 쥐처럼 죽음의 길로 가느냐 하는, 그 양면을 낭만주의는 함께 가지고 있습니다. 아이들이 피리 부는 사나이를 따라가는 장면에서 신나는 아이들의 모습을 보고 같이 신나기도 하지만 한편으로는 잘 가야 할 텐데, 하는 걱정도 드는 것이지요.

이번에는 『기적의 시간』을 보도록 하겠습니다.

> 페놉스코트 만의 물 위로
> 바위투성이 해변이
> 불쑥 튀어나와 있는 섬이 있습니다.
> 거기 가면 시간이 흐르는 걸 볼 수 있지요.
> 일 분 일 분이 흐르고,
> 한 시간 한 시간이 흐르고,
> 하루 하루가 흐르고,
> 계절이 흐르는 걸 말이에요.[27]

제가 이 책을 후기 낭만주의의 전형적인 작품이라고 보게 된 것이 바로 이 글귀 때문입니다. 『호두까기 인형』이나 『피리 부는 사나이』에서는 키워드가 세 가지입니다. 쥐, 피리(혹은 호두까기 인형), 아이들이지요. 피리나 호두까기 인형을 통해서 마법과 환상을 살펴볼 수 있습니다. 이것이 전기 낭만주의의 특징입니다. 하지만 후기 낭만주의의 특징은 목가성, 전원성, 서정성입니다. 『기적의 시간』은 그러한 낭만적 서정의 세계를 보여주고 있습니다.

서정은 첫째, 배경이 자연입니다. 자연과의 동화, 순응, 동행을 중시하지요. 그렇다면 '자연'이란 무엇일까요? 모든 것이 자연입니다. 사람까지도 자연이지요. 그러나 사람이 인위적으로 만든 것은 자연이 아닙니다. 그러므로 자연과의 동화, 순응, 동행은 사람을 통하지 않고 그대로 보고 느끼는 것을 뜻합니다. 이것이 바로 '서정성'입니다.

전기 낭만주의의 환상과 마법이 지나친 몽환성으로 흐르는 것이 아닌가 하는 생각이 커짐에 따라 낭만주의에 대한 비판이 일기 시작했습니다. 따라서 후기 낭만주의는 전기 낭만주의에서의 지나친 관념성, 환상성이 몽환성으로 흐르는 것에 대한 비판으로 나타난 것입니다. 그저 자연에 대한 친화와 순응을 이야기하며 서정적 세계로 가게 된 것입니다.

자연의 세계에는 지식이 없습니다. 바로 무식인 것이지요. 무식한 세계가 바로 서정적 세계입니다. 하지만 사람은 무식할 수가 없습니다. 생활 속에는 지식이 필요하니까요. 그런데 『기적의 시간』처럼 시간이 흐르는 것을 볼 수 있다는, 시간에 대한 감각을 느낄 수 있다는 것은 무식과 지식이 공존하는 순간이라 할 수 있습니다. 『기적의 시간』의 그림이 건물이나 자동차를 찾아볼 수 없게 한 것도 시간에 대한 감각을 느끼게 하려는 의도 때문입니다. 구름이 있고 산이 있는 모습에서 우리는 적막을 느낄 수 있습니다.

    빗방울은 우리 위로 떨어집니다![28]

  빗방울이 우리 위로 떨어지는 것은 당연한 사실입니다. 때문에 '우리 위로 떨어'진다는 말은 그저 자연에 대한 것을 묘사한 것입니다. '우리 위로 떨어졌'기 때문에 이것은 자연과의 동행이며, 서정적으로 완전한 세계에 대한 제시가 됩니다.
  이제 화자는 풍경 속으로 들어가 말합니다.

    그리고 또 다른 소리도 있어요-
    우리의 심장 고동 소리가 아니라,
    나지막이 속삭이는 듯한 소리-
    그건 고사리가 펴지는 소리입니다.
    죽은 나뭇잎을 옆으로 밀어 내며,
    고사리가 돌돌 말린 머리를
    천천히 펴는 소리,
    천천히 늘이는 소리.[29]

  아이들은 자연과 교류하고 자연과 놉니다. 그리고 자연의 소리를 시각화해서 묘사하고 있습니다. 이를 통해 인간이 자연의 일부가 된 모

3-3 『기적의 시간』, "빙하는 만들어 놓은 오래된 흉터 위에 아이들의 싱싱한 그림자가 드리워집니다."

습을 보게 되지요.

오늘 아침,
바위는 햇볕에 적당히 따뜻해졌습니다.
또, 하루 종일 놀려고 몰려온 아이들이
행복하게 내지르는 소리에 파묻혀 있습니다.
아이들은 바위에서 뛰어내려 헤엄을 치고는,

물을 뚝뚝 떨어뜨리며 햇빛 속으로 나옵니다.
빙하가 만들어 놓은 오래 된 흉터 위에
아이들의 싱싱한 그림자가 드리워집니다.[30]

아이들이 배를 타고 헤엄을 치는 것은 인간이 자연 속에서 움직이는 것이라 할 수 있습니다. 역동적인 모습이 드러나지요. 그러므로 이 부분은 가장 인간적인 대목입니다.

부엉이가 누구우 누구우, 묻듯이 울 때까지요.
그 소리에는 백로가 대답 대신
부리를 딱딱거립니다.
물개가 우리를 알아보고
부드럽게 콧김을 뿜습니다.
솜털오리들, 물수리들 모두모두
우리가 노젓는 것을 지켜 보며 귀를 기울입니다.[31]

이제 동물들이 나오기 시작합니다. 자연은 아주 커다란 규모의 강, 산, 구름, 나무와 같은 식물 등의 수준에서 이제 동물까지 포함합니다.

하늘에서는 별이 내려다보고,
물에 비친 별빛은 우리를 올려다봅니다.
밤은 고요한데 수백 개의 눈동자가
우리를 쳐다봅니다.

네 개의 눈동자는 사방을 쳐다보고요.**32**

　인간의 자연화 또는 자연의 의인화가 되고 있습니다. 별이 사람의 눈동자가 되는 일은 자연과의 완전한 일치가 되어야 가능합니다. 이런 일치에 이르는 일은 아주 드뭅니다. 사람과 자연의 일치라고 하여 사람 절반, 자연 절반 이렇게 물량으로 크기를 비슷하게 해야만 일치되는 것일까요? 전통적으로, 사람이 자연의 일부인지 자연이 사람의 일부인지 미술철학적인 논란이 있습니다. 우리나라를 비롯한 동양화의 경우, 사람이 있는 그림은 거의 없지요. 하지만 서양화에서는 사람이 중심이 되는 경우가 많습니다. 누드나 신체의 일부를 크게 그린 그림을 생각해보면 되겠지요. 그것들은 모두 인간을 강조한 그림입니다. 이것은 세계가 있기에 인간이 있다기보다 인간이 있기에 세계가 있다는 인식이 앞서기 때문에 생긴 것입니다. 그런데 이 책은 동양화적인 세계를 방불케 합니다. 그럼으로써 일치와 조화를 볼 수 있는 것이지요.

　　낮은 점점 짧아지고
　　물에 뜬 배는 점점 줄어듭니다.**33**

　이 그림책에는 시간의 흐름이 자연스럽게 나옵니다.

　　굉장한 날씨가 될 거야.
　　자, 온다.
　　이제 불어닥치겠군.**34**

'예감'이 나오고 있습니다. 자연 풍경을 통한 예감은 자연의 섭리를, 시간과 공간을 함께 묘사합니다.

> 스펙터클 섬의 교회 종이
> 파도와 함께 가볍게 흔들립니다.
> 뎅그렁……
> 뎅그렁……
> 밀물이 온다고 웁니다.
>
> 처음에는 부드럽게 바람이 불기 시작합니다.
> 처음에는 부드럽게 비가 내리기 시작합니다.
> 갑자기 바람이 물을 채찍질해
> 날카로운 파도를 일으킵니다.
> 뾰족한 파도 끝을 갈기갈기 찢고 휘둘러
> 연기 같은 물보라 띠로 만들어 놓습니다.
> 그리고 비가 퍼붓기 시작합니다.
> 바람은 점점 세찬 돌풍이 됩니다.
> 나뭇가지가 부러져 나갑니다.[35]

폭풍으로 인해 앞서 있었던 모든 묘사가 와해되었습니다.

> 그리고 우리는 함께 노래합니다.
> '그 영광 보았네'를 목청껏 부릅니다.[36]

3-4 『기적의 시간』, "그 영광 보았네를 목청껏 부릅니다."

위 그림 속 세 사람의 입을 보면 노래를 부르고 있음을 알 수 있습니다. '그 영광 보았네'에서 그 영광이란 하나님의 영광인 듯합니다. 엄마가 성경책을 읽으며 기도를 한 후 모두 함께 노래를 부르고 있는 것입니다.

그렇다면 이 책을 왜 후기 낭만주의의 틀 속에서 보려고 했던 걸까요? 이 책을 '기독교의 섭리'와 맞춰 볼 수도 있겠지만, 목차에서 보듯 전반부에 나타나는 목가적·전원적 서정성과 후반부에 연결되고 있는 중요한 모티브인 시간의 흐름 때문에 낭만주의적 성향이 짙은 책으로 볼 수 있는 것입니다. 즉, 시간의 흐름에 따라 조용하고 정적인 세계가 변화하는 모습을 보여주고 있습니다. 낭만주의의 중요한 특징인 환상성을 여기서도 다시 한 번 확인할 수 있습니다. 여기서의 환상성은 기적의 시간입니다. 이 기적은 초인간적인 것입니다. 전기 낭만주의에서는 초인간적인 환상으로만 이루어져 있지만, 후기 낭만주의에서는 자연 속에 인간이 슬슬 개입하기 시작합니다. 그렇기에 폭풍이 불고 집이 무너지려 하는데도 엄마는 이야기를 하고 있는 것입니다. 신 또한 위에서 군림하는 존재가 아닌 친구로서의 신, 함께 동행하는 존재가 되기 때문이지요. 이것이 후기 낭만주의의 정신사적인 배경입니다.

모든 자연은 가만히 있을 때와 폭풍우처럼 포효할 때가 있습니다. 자연은 이 양면을 모두 갖고 있고 신은 이 양면을 함께 드러내 줍니다. 이것이 낭만적 사고의 중심입니다. 앞서 『하멜른의 피리 부는 사나이』에서 사나이가 피리를 분다는 것은 어떤 의미에서 『기적의 시간』 속 신이 허리케인을 일으키는 것과 비교될 수 있습니다.

우리의 세계는 관습의 세계이며 필연성의 세계입니다. 『하멜른의 피리 부는 사나이』는 이런 평범한 세계를 깨뜨리고 개입하는 모습을, 『기적의 시간』은 기적의 시간을 통하여 순간순간 자연이 새롭게 되는 모습을 보여주고 있습니다. 이것은 사실주의의 세계가 아닙니다. 전기 낭만파의 본질적이고 마법적인 면만 보여주어 자칫 잘못하여 쥐를 없애버리는 행위로 결말짓는 것이 아니라, 자연의 평범하면서도 안온하며 따뜻한, 동시에 시간의 흐름에 따라서는 다른 개입이 이루어지는, 이 모든 모습을 더불어 보여주고자 하는 것이 후기 낭만주의의 세계입니다. 낭만적 환상의 세계가 전기 낭만파라면, 18세기 후반에서 19세기 초반의 낭만적 서정의 세계를 후기 낭만파라고 할 수 있는 것이지요. 이 두 가지를 우리는 낭만주의라는 이름 아래서 같이 봐야 합니다.

사랑으로 치자면, 전기 낭만파는 격정적인 사랑이고 후기 낭만파는 바라다보고 있는 사랑입니다. 둘 다 어느 한쪽에 치우칠 수는 없는 일입니다. 그 양면에서 이미 주어져 있는 것이 자연의 세계인데, 한쪽이 훨씬 더 자연적 힘과 관계가 있다면 다른 한쪽은 인간적인 노력, 절제, 자세와 관계가 있습니다. 이렇듯 둘을 구별하면서도 동시에 둘을 함께 아울러 그 공통적 요소를 생각하며 낭만주의라는 이름 아래 주목해서 보면 좋습니다.

4 페미니즘과 『돼지책』 『종이 봉지 공주』 『제랄다와 거인』

　페미니즘이란 '여성중심주의' 입니다. 이 말 속에는 크게 두 가지 뜻이 내포되어 있습니다. 일반적으로 여성을 중시해야 한다는 사상과 더불어 여성이 억압을 받아온 지금까지의 불균형 상황에 대한 고발의 모습이 그것입니다.

　『돼지책』에는 권위적으로 보이려는 남자의 모습이 비춰지면서 가부장적인 사회, 아버지가 왕이다시피 한 집이 나옵니다. 그런데 책의 첫 부분은 어머니인 피곳 부인이 고생하는 장면으로 가부장적 사회 속 여성이 부당한 대우를 받는 모습을 강력하게 시사함과 동시에 여성의 권리와 지위의 회복을 은밀히 주장합니다.

　가부장주의 안에서는 아버지에게 권위가 있습니다. 이 '권위'에는 좋은 의미와 나쁜 의미가 모두 포함되어 있습니다. 권위와 권위주의적은 다릅니다. 권위는 가만히 있어도 아주 부드럽게, 경쾌하게 놀아도 스스로 생기는 경우가 많지만, 권위주의는 일부러 만들어내는 것입니다. 이런 의미에서 가부장적 권위주의에 대한 비판은 이미 이 책 첫 부분에서 언급하는 '중요한 회사', '중요한 학교'에서 시작되고 있습니다. '중요한 일', '중요한 학교'라고 표현하여 아이러니하게 비꼬고 있

4-1 『돼지책』 "제발 돌아와 주세요! 피곳씨와 아이들은 킁킁거렸습니다."

기 때문입니다. 다시 말해, 아버지를 비롯한 아들들, 즉 『돼지책』 속 남자들은 '권위주의적' 이라는 것입니다. 하지만 '너희들은 돼지야' 라고 피곳 부인이 써 놓고 나간 후부터 상황은 반전됩니다. 아버지와 아들들이 식충이 이미지인 돼지로 변함으로써 권위가 바뀌어 버리는 것이지요.

"제발, 돌아와 주세요!"
피곳 씨와 아이들이 킁킁거렸습니다.**37**

돼지 세 마리가 무릎을 꿇고 있는 이 장면에는 그림책의 멋, 맛, 위대함이 그대로 나타납니다. 서사적인 구체적 서술을 하지 않고 그림만으로 이루어진 장면을 통해 반전을 만들기 때문이지요.

> 그리고 피곳 씨와 아이들은 요리하는 것을 도왔습니다.
> 요리는 정말로 재미있었습니다![38]

피곳 부인이 돌아온 후 아이들과 아버지는 다시 사람으로 변합니다. 가사가 네 사람 모두에게 평등하게 주어지자 돼지에서 사람의 얼굴로 돌아온 것이지요.

『돼지책』은 굳이 이야기하자면 '리얼리즘'에 가까운 책입니다. 우리의 현실과 풍경을 보여주고 있기 때문입니다. 요즘은 조금 달라졌다지만 전통적인 습관과 관습으로 인하여 도식화되어 온 남녀의 상황이 완전히 바뀐 것은 아닙니다.

이번에는 『종이 봉지 공주』를 봅시다.

> 엘리자베스는 아름다운 공주였습니다. 엘리자베스 공주는 성에서 살고 있었는데, 그 성에는 비싸고 좋은 옷들이 많았습니다. 공주는 또, 로널드 왕자와 혼인해서 행복하게 살 참이었습니다.[39]

이 장면에서 공주의 표정이 아주 재미있습니다. 공주의 얼굴에는 마치 날름, 왕자를 먹어버릴 것 같은, 맛있어하는 표정과 동시에 '내가 호락호락할 줄 알고?' 하는 재는 듯한 표정, 두 가지가 섞여 있습니다.

> 용이 문 밖으로 삐죽 코를 내밀었습니다.

"와아, 공주님이시로군! 난 공주를 좋아하지. 그런데 오늘은 이미 성 한 채를 통째로 삼켜서 배가 부른걸. 난 지금 몹시 바빠. 그러니 내일 다시 와."

용은 왈칵 문을 닫았습니다. 그 바람에 공주는 하마터면 문에 코를 찧을 뻔했습니다.[40]

보통 공주가 혹은 왕자가 주인공인 그림책이나 동화는 많습니다. 대부분이 공주가 잡혀가면 왕자가 구하러 가는 구조를 취하고 있지요. 하지만 이 책은 반대로 되어 있습니다. 또한 용이 공주까지 잡아먹으려 하는 중세 및 고대 설화의 기본 구도를 깨고 있습니다. 『종이 봉지 공주』속의 용은 성을 통째로 삼켰다며 포식을 한 상태임을 알려줍니다. 때문에 용이 공주를 피하려는 자세를 취하고, 오히려 공주가 용을 부르면 용은 꼬리를 내리는 것이지요. 즉, 공주는 용과의 만남에서 이미 승리하고 있습니다. 용과의 심리전에서 이기고 있는 것입니다.

"네가 불을 한 번 내뿜으면 숲 열 군데가 한꺼번에 타 버린다던데, 정말이니?"
"그럼, 정말이지."
용은 숨을 깊이 몰아 쉬더니 활활 불을 내뿜었습니다. 숲 쉰 군데가 한꺼번에 타 버렸습니다.[41]

공주는 용을 칭찬하며 부추기고 있습니다. '칭찬 요법'으로 용을 제압하는 것이지요.

4-2 『종이 봉지 공주』 "공주는 또 로널드 왕자와 혼인해서 행복하게 살 참이었습니다."

"엘리자베스, 너 꼴이 엉망이구나! 아이고 탄 내야. 머리는 온통 헝클어지고, 더럽고 찢어진 종이 봉지나 뒤집어쓰고. 진짜 공주처럼 챙겨 입고 다시 와!"**42**

왕자의 말은 공주가 공주의 위엄을 차리고 어느 정도의 예의를 차리고 오라는 뜻입니다. 공주는 어떻게 했을까요.

공주가 말했습니다.

"그래, 로널드. 넌 옷도 멋지고, 머리도 단정해. 진짜 왕자 같아. 하지만 넌

겉만 번지르르한 껍데기야."

결국, 두 사람은 혼인하지 않았습니다.**43**

혼인할 참이었다고 시작한 이야기는 혼인하지 않았다며 끝을 맺습니다. 공주의 초췌한 모습을 보고 시비를 걸거나 멋진 외모에 가치를 두려는 남성의 속성을 가차 없이 무너뜨립니다. 이것이 바로 페미니즘입니다.

우리는 프랑스 페미니즘으로부터 영향을 많이 받아 '남성주의'라는 말을 사용합니다. 또한 '남근중심주의'라는 말을 쓰는데요, 남근은 남성의 생식기를 의미합니다. 프로이트가 강화한 이 남근중심주의는, 여성 대 남성을 차별화시키고, 남성이 정치적이고 문화적인 여러 기기묘묘한 방법으로 여성을 억압하고 있는 현상의 근저에 남근에 대한 우월성이 자리하고 있다는 것입니다. 그리고 이것이 허상이라는 것을 밝히는 데 집중하고 있습니다.

오늘날 여성 작가와 여성 이론가들을 포함한 많은 페미니스트들은 이런 생리학적인 성, 섹스와 문화적인 의미로서의 성, 젠더, 그리고 섹스가 젠더화되는 과정을 파고 들어갑니다. 그로써 남성을 비판하고 남성의 허상을 공격하여, 여성이 남성 못지않다는 것, 아니 여성이 더 우월하다는 것을 주장합니다. 과거 남성의 성적 욕망의 대상이었던 여성이 성적 욕망의 주체로 올라서야 하고 올라설 수도 있음을, 이것을 이론화한 것입니다. 이것이 바로 페미니즘의 한 양상입니다. 실제로 페미니즘을 가장 투쟁적으로 들고 나오는 쪽에서는 이런 성향이 보이고 있습니다. 바로 이러한 부분을 『종이 봉지 공주』는 보여주고 있습니다. 물론 주로 어린이가 보는 '그림책'이기 때문에 섹스의 문제를 노골적으로 다루고 있지는 않지요. 하지만 성적인 욕망을 중심으로 여성의 욕망이 문화적, 정치적으로 어떻게 교묘하게 관리되어 왔는가 하는 것을 보여줍니다. 여성이 남성에 비해서 모든 것을 절제하고, 수동적이고 소극적이고 용기도 적고 따라서 정치적인 참여도도 낮다는 이런 여러 가지가 사실은 그릇된 것이라는 이야기입니다.

이것은 생리적인 의미에서의 섹스에 대한 분석이 잘못되어 있기 때문에 원초적인 것부터 모두 새롭게 뒤집고 가야 한다는 말입니다. 여기 결혼할 참이었지만 결혼하지 않은 종이 봉지 공주처럼 말이지요. 이것은 어떤 의미에서는 매우 정치적인 결과입니다. 공주가 왜 결혼을 하지 않았는지 생각해 보십시오. 가장 큰 이유는 남성의 허위성 때문입니다. 이러한 허위성은, 가서 종이 봉지 옷이나 갈아입고 오라는 무기력하고 용기도 없는 왕자의 말에서 알 수 있습니다. 이것이 바로 정치적인 이유가 됩니다. 공주가 왕자의 외모 때문에 결혼을 안 했다면 이것은 정치적인 이유가 될 수 없지만, 공주는 본질적이고 정치적인 결단을 내리고 있습니다.

종이 봉지를 입었다는 것은 거의 벌거벗었음을 의미합니다. 여성의 성, 섹스라는 것은 전통적으로 가려지고 은폐되고 은밀하고 신비한 것으로 되어 있지요. 페미니스트들은 그런 것을 가리켜 남성적 언어(시각)라고 합니다. 남성이 여성을 왜 신비(여기서 신비는 앞서 말했던 것처럼 좋은 뜻이 아니지요)하게 만드느냐는 것입니다. 이런 시각에서 종이 봉지 공주가 종이 조각 하나만 걸치고 용을 잡으러 나서는 모습은, 그리하여 용을 무력화시키는 모습은 전통적인 남성적 언어를 무력화

4-3 『제랄다와 거인』 "불쌍한 아저씨가 몹시 굶주렸나 봐."

시키려 한다는 메시지를 담고 있습니다.

'팜므파탈'이란 말이 있습니다. 남성을 유혹해서 파멸에 이르게 하는 악녀를 가리키는 말입니다. 이때 유혹의 도구는 몸입니다. 그러나 남성의 유혹의 도구는 다릅니다. 남성을 유혹할 때 여성은 몸으로 말을 하지만 남성은 말, 거짓으로 유혹하는 것으로 되어 있습니다. 『종이봉지 공주』는 이러한 인습에서 완전히 벗어나고 있습니다. 공주가 용을 제압하는 언어는 전통적인 남성의 언어인데, 공주는 벌거벗다시피 한 몸으로 갑니다. 그리고 정치적인 결과를 내리고 있지요. 이것이 페미니즘의 특징입니다.

이번에는 제3의 페미니즘의 유형을 살펴보겠습니다. 『제랄다와 거인』을 보지요. 표지의 거인을 보면 한손에는 칼, 한손에는 맥주를 들고 여자아이를 안고 있습니다.

'불쌍한 아저씨가 몹시 굶주렸나 봐.' 제랄다는 생각했어요.

제랄다는 서둘러 수레에서 냄비를 꺼내 오고, 나뭇가지를 모아

불을 피우고, 요리를 시작했습니다.

굶주린 거인이 얼마나 불쌍해 보였던지, 제랄다는 장에 내다 팔 물건을 절반이나 써 버렸답니다. 곧, 거인 앞에 음식을 갖다 놓았어요.**44**

제랄다 역시 종이 봉지 공주처럼 행동하고 있습니다. 용에 대한 종이 봉지 공주의 절대적인 칭찬처럼 제랄다 또한 상대방, 혹은 상황을 제압하는 '언어'를 빨리 찾아내고 있는 것이지요. 그 언어가 바로 상대방에 대한 배려와 칭찬입니다. 그렇게 하면 상대방은 기분이 좋아지면서 흥분을 하여 무장이 해제되기 시작합니다. 제랄다는 이러한 시간적인 여유를 얻어서 지혜를 계속 발휘합니다. 배고픈 거인에게 "배고프지?" 하며 새로운 음식을 만들어내는 것이지요. 『종이 봉지 공주』에서는 용을 몇 바퀴 굴려 힘을 빠지게 했지만 말입니다. 상대방을 자기 식대로 하면 움직일 수 없지만 상대방 식대로 하면 움직이게 됩니다. 잘하지 못하는 사람에게 자꾸만 잘한다고 추켜세우는 것입니다. 여기

에는 여성적 동작, 남성적 언어가 없습니다. 만들어진 허구나 이데올로기가 말입니다.

> 이제 무서운 위험은 사라졌습니다.
> 아이들은 숨어 있던 곳에서 밖으로 나왔고요,
> 마을 사람들은 다시 옛날처럼 살게 되었습니다.[45]

바로 여기서부터 반전이 시작됩니다. 이것이 그림책의 매력이자 문학성을 드러내는 부분입니다. 『종이 봉지 공주』에서 아이러니로 인하여 반전이 이뤄졌다면 『제랄다와 거인』에서는 요리에 의해서 이루어지고 있습니다. 요리처럼 원초적이면서도 고도의 리얼리즘은 없습니다. 그렇게 제랄다는 스스로 자라나 거인과 결혼을 합니다.

『돼지책』에 나타난 일상적인 리얼리즘의 세계는 새로운 충격에 의해서 여성과 남성의 역할이 동등해지는, 어떻게 보면 굉장히 평범한 시민적 투쟁 과정을 거쳐서 이뤄지는 페미니즘을 보여줍니다. 그리고 『종이 봉지 공주』는 급진적이고 정치적인 결정까지 가게 되는 그런 페미니즘입니다. 세 번째 유형인 『제랄다와 거인』은 음식, 요리로 승리하는 모습을 보여주는 페미니즘이지요. 사람마저 잡아먹는 거인의 존재를 작은 소녀의 요리는 방법을 통해 새롭게 순화시키는, 위대한 승리를 보여주고 있습니다. 밥상의 승리랄까요.

오늘날의 페미니즘이 종이 봉지 공주의 용기, 그리고 남성적 언어를 능가하는 설득력과 제압, 심지어 유혹하는 힘까지 지닌 여성들을 포함하고 있는 것은 사실이지만, 그러나 여성 비평 내지 페미니즘 내에서는 자성적인 발언들이 나오고 있습니다. 『푸줏간에 걸린 고기』의 저자 신수정 평론가는 이렇게 말합니다. "여성의 말은 말이 아니다." 여자의 말은 한편으로는 절규이고, 한편으로는 신음이고, 무정위한 상태라는 의미입니다. 남성적 언어는 정석화되어 있지만 여성적 언어는 그렇지 않다는 것입니다. 여성의 언어는 해석하는 방법이 달라져야 한다는 것입니다.

   페미니즘은 올바른 것이냐 올바르지 않은 것이냐를 떠나서, 모든 억압에 저항하면서 삶의 방법을 끊임없이 반성케한다는 점에서 문학의 본질에 가까이 닿아 있습니다. 이러한 메시지가 그림책들에 숨어 있다는 것은 참으로 놀라운 일이 아닐 수 없습니다.

5 계몽주의와
『더벅머리 페터』『바다 건너 저쪽에는』

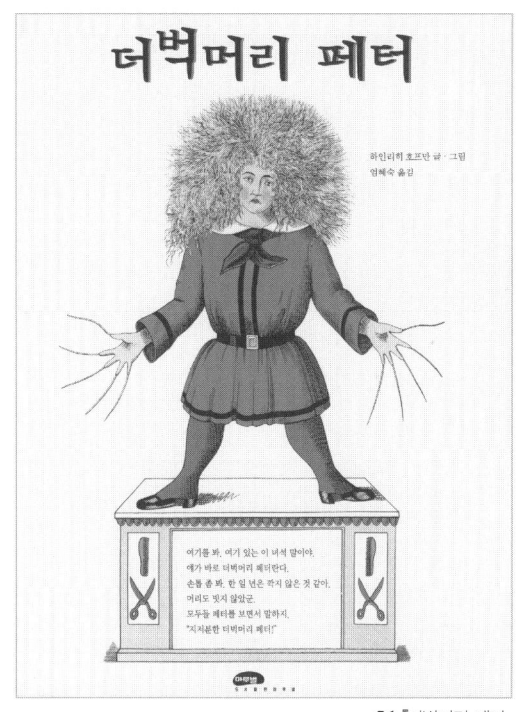

5-1 『더벅머리 페터』
"모두를 페터를 보면서 말하지, 지저분한 더벅머리 페터!"

『더벅머리 페터』에는 어른들이 볼 때 아주 못마땅한, 얌전하지 않은 아이들이 나옵니다. 모두 열 명의 아이들이 나오지요.

첫 번째 아이는 표지에 나오는 「더벅머리 페터」이고, 두 번째는 「못된 짓만 하는 아이」입니다. 상당히 난폭한 아이에 대한 이야기이지요. 세 번째는 여자아이의 이야기, 「불장난하는 아이 이야기」입니다. 여기 나오는 여자아이 이름은 파울린헨입니다. 부모님이 외출한 후 성냥을 가지고 불장난을 하다가 생긴 일을 그리고 있지요. 네 번째는 「새까매진 아이들 이야기」입니다. 모두 지극히 평범한 이야기들입니다. 모두 어린 시절에 주변에서 보거나, 자기 자신이 직접 사건의 주범이 되기도 한 이야기들이지요. 다섯 번째는 「미련한 사냥꾼 이야기」, 여섯 번째는 「엄지손가락 빠는 아이 이야기」입니다. 이 이야기는 습관이라는 것이 무섭다는 것을 보여주고 있습니다. 「더벅머리 페터」처럼 이야기는 단칼에 끝나고 있습니다. 일곱 번째는 「먹지 않는 아이 이야기」, 여덟 번째는 「가만히 있지 못하는 아이 이야기」입니다. 마지막에서 보는 바와 같이 말썽을 피우면 그로 인한 결과가 자기 자신에게 돌아온다는 것을 알 수 있습니다. 아홉 번째는 「하늘만 보며 걷는 아이 이야기」, 열 번째는 「하늘로 날아간 아이 이야기」입니다.

이번에는 『바다 건너 저쪽에는』을 보도록 하지요.

"어떻게 해야 더 멀리 나갈 수 있어요?"
클라라는 항구에서 만난 늙은 뱃사람에게 물었습니다.
"네가 가고 싶은 곳이 어디냐?"
뱃사람의 대답이었습니다.
"바다로 나가는 배는 셀 수 없이 많단다.
네가 원한다면 그 중 하나를 타고 머나먼 땅으로 여행할 수 있지."
뱃사람은 자기가 어디를 가 보았는지,
아직도 놀라운 볼거리가 얼마나 많은지 이야기해 주었습니다.[46]

5-2 「바다 건너 저쪽에는」
"하지만 뭘 하든, 네가 바다 건너 저쪽에서 살고 싶은 그런 삶을 살도록 하렴."

뱃사공은 힘으로 노를 젓는 것이 아닙니다. 요령으로 합니다. 이 늙은 뱃사공에게 바다 건너로 가고 싶은 클라라는 이렇게 묻습니다.

"저기가 내가 가고 싶은 곳이에요. 하늘과 땅이 만나는 곳 말이에요.
날마다 되풀이되는 평범한 삶 너머로 가면,
내 영혼을 춤추게 만들 어떤 위대한 걸 찾을 수 있을 거예요."
클라라는 늙은 뱃사람을 쳐다보았습니다.
"아저씨는 오래 사셨죠.
어떻게 하면 바다 건너 저쪽으로 갈 수 있는지 말씀해 주세요."[47]

금빛 저녁노을 속에서 사람의 인지 발달이 이루어지고 있습니다. 인지의 발달은 나이에 따라서 가는 것은 아닙니다. 모든 인간은 각자 인생의 정점인 지점이 다릅니다.

뱃사공은 위의 질문에 이렇게 대답합니다.

"넌 여행자가 될 수도 있고, 눌러앉아 살 수도 있다.
네 삶 자체가 여행이니까. 하지만 뭘 하든,
네가 바다 건너 저쪽에서 살고 싶은 그런 삶을 살도록 하렴.
언젠가는 네가 가고 싶어했던 곳에 갈 수 있을 거다.
그러면 마음 깊이 깨닫게 될 거야.
바로 거기가 아주 옛날부터 네 고향이었다는 걸."[48]

자, 이제부터 위의 두 책을 계몽주의와 연결시켜 살펴보도록 하지요.

서양에서는 계몽주의를 소위 중세적인 기독교 교권의 억압에 저항하는운동, 영靈의 세계, 영적인 영혼의 세계에 흡수되었던 지상의 자아를 되찾아서 해방시키는, 그러한 문학예술 운동이자 사조로 봅니다. 대개 17세기 말부터 18세기 중반에 이르기까지의 사조이며, 특히 프랑스의 데카르트 같은 철학자를 중심으로 해서 일어난 사조이자 운동입니다. 이런 계몽주의에 앞서서는 종교개혁, 르네상스, 인문주의 운동이 있었지요.

사도 바울이 순교하고 얼마 지나지 않아 기독교가 로마의 국교가 됩니다. 콘스탄티누스 대제가 여러 가지 정치적인 복선으로 기독교를 받아들였기 때문입니다. 그리고 원시시대의 제정일치의 상황이 다시 나타나게 되지요. 즉, 임금이 왕인 동시에 제사장 역할을 하는 것입니다. 그리하여 자연히 로마의 황제는 교황을 겸하면서 유럽 각국에 왕을 파견하거나 그곳에서 선출된 왕을 교황 자격으로 인정하여 유럽 각국을

장악합니다. 이렇게 교권의 억압이 이루어진 것입니다. 중세 기독교 시대에는 성경도 아무에게나 보여주지 않았지요. 이런 중세 교권의 억압 속에서 교회는 백성들에게 하나님은 위에서 군림하는 분이라는 것을 강조하며 신약의 세계가 아닌 구약의 세계를 강론합니다. 이런 시대에 루터가 종교개혁을 들고 일어납니다. 소위 '프로테스탄트'라고 하지요.

그렇지만 종교개혁과 르네상스 이후 바로크 시대를 거쳐도 인간의 인간성, 인권이 단숨에 회복되지는 않습니다. 차츰차츰 회복이 되어가다가 더 이상 버틸 수 없는 상황에 이르렀을 때, 특히 많은 사상가들이 계몽주의를 강조합니다. 그럼으로써 계몽주의는 특정한 문학예술, 정신, 철학, 사조가 된 것입니다.

데카르트를 비롯한 계몽주의자들이 강조하는 것은 '합리성'과 '이성'입니다. 인간에게 이성이 있다는 것입니다. 이는 주체적으로 판단을 할 수 있는 능력이 있다는 의미입니다. 영적인 권위에 너무 굴복하지 말라는 것이지요. 이것이 서양에서의 계몽주의입니다.

우리나라의 경우에는 이런 기독교적인 권위나 억압이 없었습니다. 대신 그런 권위나 억압에 해당하는 것이 조선시대의 유교적인 가치관이라고 할 수 있습니다. 고려말 무신인 이성계의 '위화도회군'에 의해 세워진 조선은, 일종의 군사 구데타라는 점에서 이전 시기 정중부, 최충헌 등에 의한 고려 중기 무신 정권과 차이가 없습니다. 이러한 이유로 정권의 합법성, 정통성이 공격 받게 되자, 자신들의 적법성을 국민들에게 강조해야만 했습니다. 그게 바로 조선시대 삼강오륜, 윤리나 도덕을 강조하는 정치적인 이데올로기로 나타납니다. 남편에 대한 아내, 아버지에 대한 자식, 선생에 대한 학생, 이런 수직적인 이데올로기이지요. 그런 수직적인 관계와 그에 따른 윤리를 강조하는 것입니다. 유교의 이념은 말하자면 강자의 윤리라는 측면이 있습니다. 남성에 대한 여성의 정조, 임금에 대한 신하의 복종입니다. 계몽주의는 이에 저항한 것입니다.

사상가이자 작가이기도 했던 춘원 이광수는 1910년 자유자재, 자유연애 등의 말들을 『무정』과 같은 소설과 다른 논설들에서 사용하여 자유와 주체성을 내세웁니다. 우리나라에서는 대개 이 시기부터를 계몽주의라고 봅니다. 그런데 우리나라의 경우는 '주의' 라고 이름 붙이기는 어렵습니다. 여러 가지 주의가 한꺼번에 병존하는 현상을 띠고 있어서 그 운동이 한 시기 동안 계속되었다고 말하기 어렵기 때문입니다. 하지만 유교적 가치관에 저항하여 일어났음은 알 수 있습니다.

계몽주의는 유럽의 경우 1700년대를 전후하여 나타났고, 우리나라는 1900년대를 전후하여 나타났습니다. 약 2세기 정도의 차이가 있지요. 계몽주의의 모토는 자유, 스스로 알아서 하는 것입니다. 왜냐하면 인간에게는 이성이 있으니까요. '이성' 이란 말은 합리성, 분별력과 가까운 말입니다.

그렇다면 『더벅머리 페터』와 『바다 건너 저쪽에는』은 계몽주의와 무슨 연관성이 있는 걸까요? 『바다 건너 저쪽에는』부터 살펴봅시다. 이 책과 계몽주의는 연관성이 대단합니다. '클라라' 라는 어린 여자아이가 '미리암' 이라는 친구와 함께 바구니 배를 만들어서 호수에서 강으로, 그리고 더 멀리 밖으로 나갑니다. 그리고 마침내 그 방면의 대가인 뱃사공 노인을 설득하는 상황까지 가지요. 물론 여행의 제일 처음에는 클라라의 아버지가 있습니다. 하지만 클라라는 배로 이웃을 실어다주고 이웃과 정을 나누는 것을 큰 보람으로 여기는 아버지와는 달리, '나는 더 다른, 그리고 더 멀리에 있는 더 새로운 것을 경험하고 싶다'는 희망을 이야기합니다. 이런 비전만으로 본다면 『바다 건너 저쪽에는』은 낭만주의적인 속성, 기질과도 연관되는 것이 사실입니다. 그러나 '클라라'라는 인물이 지닌 주체성을 조명할 경우 대단히 계몽적인, 스스로의 자각으로 볼 수 있습니다. 이광수나 데카르트가 이야기한 것처럼 자동, 자유자재, 자유로 인하여 마침내는 클라라의 개인적인 희망과 의지를 이뤄내는 것이지요.

바다의 노인 뱃사공도 아주 멋집니다. 클라라에게 "해보렴. 가보렴. 거기에서 오히려 고향을 느낄 수도 있으니까"라고 말하고 있으니까요. 바로 여행을 즐기라는 것입니다. 이처럼 체험을 해보라는 것은 상당히 계몽주의적인 사고입니다. 『바다 건너 저쪽에는』은 그것을 말하고 있습니다.

『더벅머리 페터』는 말썽쟁이들이 주인공입니다. 말썽쟁이는 고정관념, 즉 인습이나 관습과 도덕을 우습게 알고 넘나드는 존재이지요. 관습과 도덕을 넘어선다는 것입니다. 인습과 도덕은 거의 같은 말로 볼 수 있습니다. 도덕이란 인습 또는 관습이 사회로부터 인정을 받은 것을 의미하니까요. 예를 들어, 과거에는 기록된 언어인 것만을 '문학'으로 받아들였지만 1960년대 중반부터는 구비문학이라 하여 기록되지 않은 것도 문학의 범위 안에 받아들인 것과 같은 이치겠지요.

제가 생각할 때의 '문학'은 인간으로 하여금 삶을 반성하게 하는 그 무엇이 들어 있느냐를 생각해보게 합니다. 시시덕거리는 작품도 있고 잘 이해되지 않는 작품도 있습니다만, 공감을 얻게 하고 또는 소외감을 느끼게 하며 나름대로 생각하게 하는 이런 어떤 것들, 삶을 반성하게 하는 그런 작품들이 좋은 작품이지요. 예를 들면 '삼국사기'라든지 '로마법전'은 저자의 주체적이고 주관적인 예술정신이 들어가 있지 않은, 그냥 연대기적인 사실의 기록과 규범의 강조를 위해 특정 저자 없이 만들어진 것이므로 언어로 된 명작물들이긴 하지만 '문학'이라는 카테고리에서는 제외됩니다.

앞에서 낭만주의가 문학의 핵심이라는 말을 했습니다만, 이러한 계몽주의적인 생각, 즉 자아의 각성, 자유, 주체성, 이런 시각에서 볼 때 계몽주의적인 의식도 문학 형성에 중요한 몫을 하고 있다고 할 수 있습니다. 『더벅머리 페터』는 일상적인 것에서 다 벗어난 말썽쟁이들을 다루고 있습니다. 의사인 호프만 박사가 자기 아이에게 줄 선물로 이 책을 쓰고 그렸다는데요, 이 책을 보고 아이는 무척이나 좋아했다고 합니다. 관습과 도덕이 합쳐진 일상적인 규범을 벗어날 때 사람들은 모두 좋아합니다. 그런데 『더벅머리 페터』의 경우 결론에서 "좋았다"로 끝을 맺은 것이 아니라 오히려 최악의 상황으로 만들어 놓았지요. 불에 타 죽거나 손가락을 잘리거나 잉크를 뒤집어쓴 것입니다. 여기에 계몽주의의 두 가지 양상이 정확히 들어가 있습니다. 하나는 인간의 자유, 주체성, 개인적인 인격의 중요성, 합리성, 이성 등을 강조한 것, 또 하나는 자율성이 가능한가에 대한 질문이 따라 붙는다는 것입니다. 인간에게 있어서 과연 자율적 주체성이 가능한가라는 것이지요. 이것이 계몽주의가 가지고 있는 서로 다른 두 가지 양상입니다.

인권과 인간성을 주창하는 계몽주의는 결국 욕망의 극대화로 갈 수 있습니다. 그래서 근대는 모더니즘으로, 모더니즘은 포스트모더니즘으로 가는 것입니다. 어쨌든 이 욕망의 극대화로 인하여 인간성만을 찾는 인간중심주의, 인본주의 사상에 빠짐으로써 인간성이 마멸, 소멸되어 가는 위기로 가는 현상이 생깁니다. 말하자면 자율로 이어지지 않고 오히려 인간에 대한 선도가 강조되는 그런 의미의 계몽주의입니다. 그리하여 주요한 이라는 시인은 춘원 이광수의 자율과 자유연애, 인격, 자녀중심에 대하여 비판하였지요. 춘원이 계몽주의 본래의 사상에서 인간이란 이러이러해야 한다는, 인간성을 선도하는 공리주의, 실용주의로 변모된 감이 있다고 말입니다. 계몽주의는 대부분 공리적이고 실용적인 측면, 선도적인 측면을 강조한다는 인상이 우리 머릿속에 더 많습니다. '계몽'이란 말을 생각해 보십시오.

　계몽주의 작품들은 저항, 인간성을 주장하는 계몽주의의 본질과는 달리, 향락 세속적인 것들이 많습니다. 동시에 또 그래서는 안 된다는 교훈성도 계몽주의 문학에 나타납니다. 『더벅머리 페터』가 말썽쟁이를 보여주지만, 결국에는 그 말썽으로 인하여 말썽쟁이 자신이 당한다는 이야기로 끝맺고 있는 것을 보면 알 수 있지요. 저는 『더벅머리 페터』에서 제일 흥미로운 이야기는 마지막 이야기가 아닌가 싶습니다.

　계몽주의 다음에 나온 사조가 고전주의와 낭만주의입니다. 유럽의 경우, 고전주의는 그리스 로마시대의 고전을 그대로 재현하는 길만이 가장 인격적인 균형을 이루는 길이라고 봅니다. 낭만주의는 낭만적인 이상 사회를 향해서 끊임없이 현재를 갱신해 나가는, 다소 관념적이면서도 이상주의적인 태도로서 바람직한 인간성을 지향합니다. 이 둘은 방법론에 있어서는 다르지만, 계몽주의에 대해서 일정한 비판을 갖고 있다는 점에서는 동일합니다. 그러므로 제일 마지막에 우산을 잡고 하늘로 날아가는 아이의 경우를 두고 낭만주의적인 것과 연결을 지어 이야기할 수 있습니다. 다른 이야기의 경우 확실한 결론이 났지만 말입니다. 그 아이는 아마 우주여행을 즐겼을지도 모르겠습니다.

2부 그림책으로 보는 현대 문학의 흐름

6 초현실주의와
『벌거벗은 코뿔소』 『이상한 화요일』

『벌거벗은 코뿔소』의 코뿔소, '코로바다'를 보면 야수에 가까운 표정을 짓고 있습니다. 하지만 한편으로는 커다란 눈 때문에 순하게 보이기도 합니다. 내용을 보아도 분명 코로바다는 무서운 존재임이 틀림없는데도 말이지요. 순하다는 것은 바보스럽다, 어수룩하다는 의미로 볼 수 있습니다. 코뿔소의 모습으로 성격을 드러내고 있는 것이지요.

원래 코뿔소는 의심 많기로 유명하기는 하지만, 코로바다는 특히 더 그랬어요.
"나 말고 다른 동물은 다 적으로 여기는 거야."
코로바다는 늘 이렇게 말했습니다.
"그게 잘하는 거라고. 그래야 뒤통수 얻어맞는 일이 안 생기지.
세상에 믿을 수 있는 녀석이라고는 나 하나뿐이라니까.
그게 바로 내 철학이야!"
코로바다는 자신만의 철학을 갖고 있다는 게 아주 자랑스러웠습니다.[49]

코로바다는 의심이 많고 독재자 타입의 성격을 갖고 있습니다. 초원

6-1 『벌거벗은 코뿔소』
"세상에 믿을 수 있는 녀석은 나 하나뿐이니까. 그게 바로 내 철학이야!"

의 동물들을 못살게 굴고 왕으로 군림하지요. 큰 동물, 작은 동물 할 것 없이 마음에 안 들면 시비를 걸고 싸움을 하기 일쑤입니다. 동물들은 코로바다의 독재에 견디다 못해 문제를 해결하기 위해서 코로바다 몰래 회의를 합니다. 하지만 뾰족한 해결책은 나오지 않고, 코로바다에게 들켜 모두 도망치고 맙니다. 그리고 결국 코로바다만 남겨둔 채 밤을 틈타 모두들 다른 곳으로 이사를 하지요. 이제 초원에는 코로바다와 동물들 몸에 달라붙어 있는 기생충을 잡아먹는 새 쪼아쪼아밖에 남아 있지 않습니다.

코뿔소 코로바다는 개선장군이고 왕인 데다, 너무나 중요한 인물,

아니 동물 아니겠어요? 그러니까 동상은 꼭 하나 있어야지요.

"그런데 그건 어디서 나는 거야?"

잠시 후 코로바다가 물었습니다. 쪼아쪼아가 속삭였습니다.

"흠, 네 경우는 좀 일이 어렵게 됐어. 동상을 만들어 줄 동물이 하나도 없잖아.

그러니까 네가 직접 만들어야겠다."[50]

이 그림책에서 핵심이 되는 부분입니다. 복선을 깐 부분이기 때문이지요. 쪼아쪼아가 말하는 동상과 연관하여 코로바다가 과연 어떻게 될까, 궁금해집니다. 또한 동상을 코로바다 '스스로 만들어야 한다는 것'은 형이상학적인 느낌을 주기도 합니다.

"잠깐만. 뭐가 어떻게 된다고?"

코로바다가 물었습니다.

"아이고, 너는 걱정할 필요 하나도 없어. 대체 누가 널 밀어 내겠니?

아니면 누가 네 동상을 밀어 내겠니? 아, 뭐, 아까 말했다시피 네가 바로 네 동상이긴 하지만 말야. 네가 네 자신을 밀어 내지 않는 한 그런 일은 없어."[51]

코뿔소 자신이 동상이 되면서 그 자리는 감옥이 됩니다. 코로바다는 배가 고파서 더 이상 서 있을 수 없을 지경에 이르게 되지요. 움직여야 먹을 수 있는데 움직였다가는 동상을 밀어낸 죄로 사형에 처해져야 하므로 코로바다는 어찌 해야 할지 고민하는 것입니다. 어쨌든 코로바다는 꿋꿋이 버텨냅니다.

> 코로바다의 나머지 부분은 그 튼튼한 철갑 옷 옆구리 틈 사이로
> 스르르 빠져 나와 바위 위로 굴러 떨어졌습니다.
> 굴러 떨어진 코로바다는 너무 아팠습니다.
> 철갑 옷 없는 코뿔소는 마치 새끼돼지처럼
> 헐벗고 조그맣고 연약한 모습이었습니다.
> 하지만 코로바다는 그렇게 빠져 나온 게 기뻤습니다.
> 자기 동상도 밀어 내지 않았고,
> 그러면서도 풀을 뜯어 먹을 수 있게 되었으니까요.
> "섭섭하게 됐네."
> 코로바다는 혼잣말을 했습니다.[52]

위에서는 진짜로 그런 일이 있는 것처럼 이야기하고 있습니다. 하지만 실제가 아니지요. 그러므로 첫 번째 번개가 번쩍일 때 코로바다가 자신의 서 있는 모습, 즉 동상을 보았다는 것은 환상을 보았음을 의미합니다. 이렇게 코로바다는 둘로 분리가 된 것이지요.

초현실주의는 현실을 넘어선 주의입니다. 1920년대를 전후하여 프랑스에서 초현실주의 운동이 있었습니다. 초현실주의에 대해 오생근 교수의 글을 빌리자면 이렇습니다. 「자동기술과 초현실주의적 이미지」입니다.

> 자동기술은 초현실주의 운동의 가장 중요한 활동이나 성과로 평가되어,

6-2 「벌거벗은 코뿔소」
"철갑 옷 없는 코뿔소는 마치 새끼 돼지처럼 헐벗고 조그맣고 연약한 모습이었습니다."

오늘날 초현실주의적이란 말은 바로 자동기술적이란 말과 거의 동의어처럼 인식되기도 한다. 그만큼 초현실주의 활동은 자동기술의 개념을 중심으로 전개되었다고 해도 과언이 아닌데, 「초현실주의 선언문」에서 밝힌 사전적인 정의로서도 초현실주의는 "말로써건, 글로써건 그 어떤 방법으로건 간에, 사유의 실제적 작용을 표현하려는 것을 목표로 삼는 순수한 심리적 자동현상"이며, 또한 "이성에 의한 어떤 감시도 받지 않고, 심미적이거나 도덕적인 모든 관심을 벗어난 곳에서 이루어지는 사유의 받아쓰기"로 규정되어 있는 것이 사실이다.[53]

'자동기술'이란 자동적으로 술술 나오는 글쓰기를 말합니다. '앙드레 브르통'의 「초현실주의 선언문」에 이런 글도 나옵니다.

> 되도록 정신을 집중시키기에 적합한 장소에 위치를 정한 다음 필기하는 데 필요한 것을 갖고 오도록 하라. 되도록 가장 수동적이며 자극적인 상태에 자신을 위치시켜라. '자기의 천분이나 재능, 또는 타인의 천분이나 재능' 마저도 배제하라. 문학은 모든 것에 통하는 가장 서글픈 길 중의 하나임을 잘 명심하라. 주제를 미리 생각하지 말고 빨리 쓰도록 하라. 기억에 남지 않도록 또는 다시 읽고 싶은 충동이 나지 않도록 빨리 써라. 첫 구절은 저절로 씌어질 것이다. 물론 객관화할 것만을 요구하는 우리들의 의식적인 사고와는 동떨어진 구절만이 시시각각 떠오를 것은 명약관화한 일이다. 다음엔 어떠한 구절이 떠오를 것인가를 미리 안다는 것은 대단히 어려운 일이다. 이미 첫 구절을 썼다는 사실이 최소한의 지각을 유발시킨다는 것을 인정할지라도, 다음에 씌어질 구절은 우리들의 의식적인 움직임과 동시에 무의식적인 움직임과도 확실히 비슷하기 때문이다.[54]

문학은 주제를 생각지 말고 기억에 남지 않도록, 그리고 다시 읽고 싶은 충동이 생기지 않도록 일단 써보라는 것입니다. 써보면 글이 어떻게 쓰일지 자신도 모릅니다. 다음에 어떤 구절이 떠오를지 아무도 모른다는 것이지요. 이것이 자동기술의 핵심입니다.

> 이러한 상태는 주체가 마치 녹음기의 기능처럼 비판 의식이 제거된 상태에서 완전히 수동성을 취하면서, 어떤 외부적 요소도 개입하지 않도록 그야말로 말의 속도와 일치하는 담화를 기록해두려는 데 목적을 둔 것이다. 그

러니까 이 행위에서 일단 말하고 기술한 것은 완전히 잊어버릴 수 있도록 가능한 한 빠르게 진행해야 한다.[55]

초현실주의는 1920년대에 일어났으며 프로이트 사상과 일치하는 부분이 많습니다. 프로이트는 성에 대한 것, 꿈에 관한 것 등 연구 범위가 광범위하지만 무엇보다도 무의식의 문제에 대해 살펴보았다는 점에 큰 의의가 있습니다. '무의식'이란 말은 프로이트 전에도 있었습니다만, 그때의 무의식이란 의식 대 무의식으로서 의식 아닌 것을 가리켜 무의식이라 불렀을 뿐, 무의식이 무엇인가에 대해서 깊이 있는 학문적인 체계가 이루어져 있지 않았지요. 프로이트는 바로 이 무의식의 세계를 파고든 것입니다. 프로이트는 인간의 심리와 관계하여 의식은 수면과도 같은 부분이며, 무의식은 수면 아래 깊은 부분이라고 생각했습니다. 무의식의 세계는 자기 자신도 전혀 모르는 세계입니다. 규정되어 있는 것이 아니기 때문이지요. 프로이트가 말하는 꿈이란 무의식과 의식 사이에 있는 전의식(前意識)에서 나타나는 현상입니다. 아무것도 모르는 무의식과 다른 것이지요.

그런데 초현실주의에서는 무의식보다는 자동기술에 주목합니다. 무의식이 저 아래로 묻히는 것이라면 자동기술은 튀어 오르는 것이지요. 그렇기에 초현실주의를 말하려면 자동기술과 기술이 분리가 됩니다. 이것이 '말하여진 사고', '표현된 사고(생각)'입니다. 초현실주의에 대해 이런 언급도 있습니다.

시인과 화가를 포함한 대부분의 1920년대 초현실주의자들이 실행에 옮겼던 이러한 자동기술에 대해 브르통은 그것이 실패할 수밖에 없었음을 인정하고, "초현실주의에서 자동기술의 역사는 계속적인 불운의 역사"였음을 말한 바 있다.[56]

왜냐하면 자동기술을 실행에 옮기려면 사회적인 책임의 문제 같은 것이 있기 때문입니다. 막 썼기 때문에 작자 자신도 잘 모르는 부분이 발생합니다. 그것은 사회적으로 통용되지 않지요. 자기가 쓴 글을 자신이 설명하지 못하니까 말입니다.

자동기술은 반수면의 최면 상태에서 이성의 통제 아래 가려져 있었던 무의식과 욕망이 전하는 전언, 그 '속삭이는 소리'에 귀를 기울여 받아쓴 내용이다.[57]

우리가 무슨 주의, 무슨 주의로 사조를 나누는 이유는 그것들이 하나 하나 역사적인 현상이기 때문입니다. 역사적인 현상이란 사람들이 문학이면 문학, 미술이면 미술, 음악이면 음악, 이런 행위를 하면서 단편적으로 흩어져 있는 많은 것들을 모아 전체적으로 그것을 지배하는 어떤 원리를 찾아보고 싶은 욕망이 있다는 것입니다. 이것은 넓은 의미로 학문적인 욕망이지요. 여러 가지 비슷한 법칙과 질서를 나누어 분석하고 경험하면서 '어떤 것' 이라는 가설을 내세우는 것입니다. 자신의 개성이 드러나 있는 문학의 경우라 하더라도, 자신의 경험과 자신의 생각을 객관적으로 확인 받고 싶은 경향이 있어서 하나의 강력한 흐름이 형성되는 것입니다. 당대에서 그런 흐름을 따라 어떤 주의라고 명명되기도 하고 후대에 그렇게 불리기도 합니다. 이런 식의 역사적인 현상과 개념은 시간이 지나면 사라지기도 하고, 오늘 우리 현장에서도 그대로 유효하게 작용할 수도 있습니다. 문제는 이 역사적인 현상들이 오늘날 우리에게 설득력이 있느냐하는 것입니다. 그런 영향을 받고 있냐는 것이지요.

미하엘 엔데의 『벌거벗은 코뿔소』의 경우, 코뿔소 코로바다는 거죽과 속으로 분리가 되었습니다. 거죽의 세계는 생존의 1차적인 세계, 즉 의식의 세계를 의미합니다. 생존의 법칙과 삶의 질서라는 외관은 놔둔 상태에서 다른 어떤 상태로 떠나는 코뿔소를 보십시오. 거죽을 남겨놓고 가는 이 벌거벗은 코뿔소는 무의식일까요, 아니면 동상에 남아 있는 코뿔소가 무의식일까요. 한 가지 확실한 것은 둘로 갈라졌다는 것입니다.

코뿔소 코로바다의 아이덴티티는 자신의 위엄을 자랑하는 모습에 있습니다. 그러니까 초원에 우뚝 서 있는 동상이 그의 아이덴티티입니다. 배가 고파서 연약한 모습으로 빠져 나왔다고 하더라도 그것은 원래의 모습 밖에 떨어져 있는 무의식의 세계입니다. 엔데는 『벌거벗은 코뿔소』에서 인간을 대신하여 코뿔소의 이야기를 하고 있는 것입니다. 인간에게는 무의식이 있기 때문에 절대 그럴 수 없는 일도 그럴 수 있는 일로 발생할 수 있습니다. 그 무시무시했던 코로바다가 둘로 갈라질 줄 누가 알았겠습니까? 철갑 옷을 바위 위에 놔두고 돼지만도 못한 모습으로 처량하게 떠나가 버릴 줄 말입니다.

이번엔 『이상한 화요일』을 보도록 하겠습니다. 이 책은 무얼 말하는 걸까요? 이 책은 초현실주의와 어떤 관계가 있을까요?

6-3 「이상한 화요일」

 초현실주의에서 가장 중요한 것은 앞서 말한 것처럼 자동기술입니다. 그런데 이 자동기술은 언어뿐만 아니라 모든 기호의 자동기술을 의미합니다. '자동'이라는 말 속에는 인간의 내면에 본인도 모르게 잠복해 있는 '어떤' 무의식이 포함되어 있습니다. 우리는 꿈으로 그것을 표현하기도 합니다. 그런데 꿈은 무의식이 아니라 무의식의 전 단계인 전의식입니다. 이러한 꿈은 대개 그림입니다. 이 그림이 꿈이 아니겠습니까? 그렇다면 이것은 작가의 꿈이겠지요. 그러므로 데이비드 위즈너, 이 작가는 꿈에 빠져 있는 것입니다. 그렇다면 어떤 무의식 상태에 있기에 무의식의 전 단계인 전의식에서 이것을 나타냈던 것일까요.

그림책은 화요일마다 이상한 일이 나타날 것을 암시하며 끝이 납니다. 일정한 주기를 주고 일정하게 동물들이 나타난다는 것이지요. 이 동물들은 그냥 나타나는 것이 아니라 두꺼비처럼 연꽃의 힘을 빌려 이상하게 나타납니다. 프로이트의 말에 따르면, 꿈에는 어떠한 상징이 있습니다. 이 때문에 꿈 해석이 생긴 것이지요.

그렇다면 책 속의 연꽃은 무엇을 상징하는 것일까요? 연꽃의 상징적인 이미지는 동서양이 비슷합니다. 우선 앙드레 브르통의 이야기를 빌려 보겠습니다.

> 그런데, 어느날 밤 잠들기 전에 그 중 단 한 마디도 바꿔치기 할 수 없을 정도로 또박또박 발음된, 그러나 온갖 잡음으로 뒤섞여 멍멍하기도 한 대단히 이상스러운 말을 나는 감지할 수 있었다. 내 의식이 인정하는 바에 따르자면, 이 말은 그 당시 내가 관계하고 있었던 갖가지 외적 사건과 결부된 것이 아니고 갑자기 머릿속에 떠오른 것이며, 창에 부딪치듯이 강하게 느껴졌던 것이다. 나는 급히 이 구절에 주의를 쏟았으며, 이 말을 형성하고 있는 특징에 마음이 쏠릴 때도 개의치 않았다. 사실 이 구절은 나를 놀라게 했던 것인데, 불행히도 나는 오늘날까지 이것을 기억하지 못하고 있다. 그것은 대개 이런 것이 아니었던가 싶다.[58]

'나'는 '그 일'에 관한 경험과 사건이 없었는데 갑자기 유리창에 부딪치듯이 생기는 것입니다. 유리창에 부딪치는 경우는 두 가지이지요. 하나는 유리창이 너무나 깨끗해서 미처 보지 못해서이고, 또 하나는 다른 생각을 하면서 걷다가 일어납니다. 이 경우는 두 가지 모두 포함됩니다. 그러므로 '창에 부딪치듯이'라는 비유는 벽에 부딪힌다는 말과는 다릅니다. 벽에 부딪히면 대부분 벽을 원망하겠지요. 유리창에 부딪쳤다는 것은 내 쪽에서 어떤 잘못을 번쩍 느꼈다는 이야기입니다. 이 말은 경험된 외부 사건과 관련된 내용이 아닌 자신의 머릿속에서 갑자기 느닷없이 떠오르는 일이 일어난다는 의미입니다. 이것이 자동기술과 무슨 연관이 있을까요. 앙드레 브르통의 이야기를 계속 살펴보도록 하지요.

'창문에 의해서 둘로 단절된 한 남자가 있다.' 그런데, 이 구절에는 애매한 것이라곤 없었다. 왜냐하면, 이 구절 속에는 몸의 중심선과 수직으로 교차하는 창에 의해서 몸 한가운데가 절단된 채 걷고 있는 한 사람의 모습이 아주 희미하게 눈앞에 나타났기 때문이다. 물론 창문에 몸을 딱 붙이고 있는 그 사람을 공간적으로 간단히 수정하는 것이 문제였다.[59]

'창문에 의해서 둘로 단절된 한 남자가 있다'는 문장이 마치 유리창에 부딪치듯이 떠올랐다는 이야기입니다. 이러한 경험은 전의식과 무의식을 자주 경험하는 사람들에게, 훈련이 된 사람들에게 더 자주 있을 수 있습니다.

그런데, 창문이 그 사람의 움직임을 따라 함께 이동하는 것을 보고 나는 매우 진귀한 타입의 이미지와 관계가 있음을 깨닫게 되었다. 그래서 나는 이 이미지를 내 시적 구성의 재료와 혼합시키고자 하는 생각만을 품게 되었던 것이다.[60]

초현실주의가 문학에 기여한 바는 시적인 이미지를 풍성하게 해 주었다는 데 있습니다.

하지만 그것은 무상이라는 인상을 깊이 내게 남겨주었기 때문에 그때까지 내가 갖고 있었던 자제력이라고 하는 것은 아주 허망한 것으로 느껴지기 시작했으며, 나는 내 내부에서 일어나고 있는 그칠 줄 모르는 싸움에 종지부를 찍고자 하는 생각만을 하게 되었던 것이다.[61]

그래서 어떤 그림만이 떠오른 것입니다. 시적인 이미지를 풍성하게 한 것이지요.

저는 처음 『이상한 화요일』을 보고 이상하게 느꼈습니다. 그런데 두꺼비의 존재를 보십시오. 두꺼비는 어디론가 쫓겨 가고 있습니다. 그리고 결국에는 연꽃과 분리됩니다. 저는 연꽃의 이미지가 사랑, 에로스적 사랑을 상징한다고 보았습니다. 연꽃은 희랍 신화에서도 그렇고 우리나라에서도 사랑을 상징하지요. 프로이트에 의하면 여성 성기를 상징하기도 합니다. 그런데 어떤 것이 맞다, 라는 정답은 없습니다. 일반적인 이미지가 그렇다는 것입니다. 프로이트 식으로 본다면, 연꽃의 도움을 받아서 집으로 들어가 보고 싶다는 원망을 보여줍니다. 다른 말로는 가정을 만들고 싶다는 것입니다.

두꺼비는 신이 나 있습니다. 집들 사이를 날고 빨래를 날개 삼아 날고, 그리고 집 속으로 신나게 들어가고 사나운 개를 몰아내기도 하지만, 사실 두꺼비가 무서워하는 건 개가 아니라 연꽃잎과의 분리입니다. 연꽃잎을 잃어버린 다음에 모든 꿈이 사라졌음을 알고 두꺼비들은 원래 살던 곳으로 돌아갑니다. 두꺼비의 연꽃잎은 길거리에 버려졌으니까요.

그렇다면 이것이 초현실주의와 무슨 관련이 있는 것일까요? 바로 그림 때문입니다. 그림으로 강력한 이미지가 남아 있기 때문입니다. 대부분의 그림책은 스토리(서사)가 있습니다. 그러나 『이상한 화요일』은 서사가 약합니다만 그림으로 서사를 표현, 초현실주의의 성과를 보여주고 있습니다. 즉, 『벌거벗은 코뿔소』는 초현실주의의 이념과 방향, 취지를 보여주는 작품이며, 『이상한 화요일』은 초현실주의의 성과(초현실주의로 인해 문학사에 시적 이미지를 풍성하게 한 것)를 보여주는 작품이라고 할 수 있습니다.

7 표현주의와 『빨간 나무』 『달라질 거야』

　아이들은 사실 어른보다 더 많이 절망감을 느낍니다. 일반적으로 엄마가 없으면 밥도 먹을 수 없어서 그저 하염없이 기다려야 하는 경우처럼, 생계를 위한 가장 기본적인 것도 해결할 수 없어서 절망을 느낄 때가 있습니다. 또한 자신들의 왜소함에서 오는, 무의식으로 느끼는 육체적인 압박에서 절망을 느끼기도 합니다. 그렇기 때문에 아이들은 죽음의 유혹에 방치되어 있는 존재라고 생각합니다.

　그리움은 결핍에서부터 시작됩니다. 그리고 도저히 해결될 수 없는 그리움이 바로 절망이 아닐까 합니다. 저는 『빨간 나무』를 보며 그런 생각이 들었습니다.

　책을 펼치고 첫 장을 넘기면 기형적인 모습의 아이가 들판 위 의자 같은 곳에 올라서서 일종의 확성기에 입을 대고 뭐라고 부르짖는 그림이 나옵니다. 그 부르짖음은 언어가 되지 못하고 모두 흩어져 버리지요. 아이들의 정체성에 가장 근접해 있는 리얼한 장면이라고 봅니다. 그림처럼 아이는 항상 부르짖습니다. '운다'는 것은 질서화, 체계화되지 않은, 넓은 의미의 기호라는 점에서 비명이고 언어입니다. 여성의 언어를 예로 들어보지요. 여성의 언어는 질서화, 제도화된 권위적인

7-1 『빨간 나무』

7-2 『빨간 나무』 "끔직한 운명을 피할 수 없습니다."

남성적 언어와는 다릅니다. 따라서 비명인 것입니다. 비명이야말로 생명의 가장 근원적인 것을 나타냅니다. 비명은 환희와 고통을 함께 가지고 있는 생명의 언어입니다. 그래서 끊임없이 제도와 질서를 흔들고 새롭게 하는 힘이 있습니다. 그런데 『빨간 나무』 속에서는 아이가 계속 비명을 지르고 있음을 알 수 있지요.

> 때로는 하루가 시작되어도
> 아무런 희망이 보이지 않는 날이 있습니다.[62]

이 표현은 분명하게 언어화되어 있지는 않습니다만, 날이 밝았다고 신이 나는 것이 아니라 오늘도 살아야 한다는 생각 속에 희망이 보이지 않는다는 것으로 볼 수 있습니다. 학교 가기 싫은데도 학교를 가야 하는 그런 마음인 것입니다.

그림 7-2는 도시적이고 기계적인, 아주 직선적이며 기하학적인 그림입니다. '아름다운 것들'에서 보이고 있는 노란색의 그림과는 전혀 다른 모습이지요.

이 그림책을 서론, 본론, 결론으로 본다면, 제일 앞에 나팔을 부는 모습이 서론이고, 탑이 있는 부분이 본론, 그리고 결론은 빨간 나무가 크게 부풀어 있는 부분입니다.

1912년은 현대 미술이 시작된 해입니다. 시대 구분을 짓는 것이 간단한 문제는 아닙니다만, 이렇게 나눌 수 있는 것은 1912년에 베를린을 중심으로 '청기사 운동'이 생겨났기 때문입니다. 이 운동은 바실리 칸딘스키와 프란츠 마르크 등에 의해 시작되었지요. 이들이 1912년에 그린 그림은 이 책에 나온 그림과 거의 비슷합니다.

오른쪽과 같은 그림은 정말 많이 있습니다. 오늘날 베를린, 뒤셀도르프를 중심으로 시작하여 미국의 블랙 마운틴 칼리지 또는 뉴욕학파를 중심으로 활동한 요셉 보이스, 존 케이지 등의 그림들(이벤트, 해프닝)이 그러한데요. 이 그림들은 해괴하고 엽기적인 것들이 일반적이며, 더 나아가 일차원적인 캔버스를 부수고 나온 것들이지요. 즉, 병이나 못 등을 사용하여 시체해부실, 영안실 등을 표현한 작품을 만들어 놓은 것입니다. 요셉 보이스의 경우에는 거울을 하나 걸어놓고 거울 아래 '이 작품은 보는 사람마다 다르다'는 메모를 걸어놓아 자신의 작품 경향을 보이고 있습니다. 이러한 작품들의 출발점은 하나입니다.

7-3 「빨간 나무」 "아무도 날 이해하지 않습니다."

바로 재래의, 전통적인 미에 대한 반란이지요. 이러한 표현주의 미술의 제일가는 특징으로 인해 제일 많이 생긴 그림이 직선화된 누드입니다. 생명의 선은 곡선입니다. 그런데 이것을 모두 직선화했다는 것은 죽었다는 이야기와 같습니다. 그렇다면 1912년에 칸딘스키 같은 인물들은 왜 이런 반란을 일으켰던 걸까요?

> 그리고 모든 일은 한꺼번에 터집니다.[63]

이것은 이전의 모든 일이 점점 더 악화되고 어둠이 밀려온다는 표현으로 보입니다. 악화된 상황은 한꺼번에 폭발하는 것입니다. 이것은

19세기 말에 드러난 세계의 현상으로 볼 수 있습니다.

보통 19세기의 제일 중요한 사상은 '신의 사망'입니다. 이것은 성경에 있듯 사람이 신의 창조물이 아니라 아주 오래 전부터 진화되어 온 것이라는 찰스 다윈의 진화론으로 인하여 사회가 흔들리게 되었기 때문에 발생한 것이지요. 더구나 19세기 전반은 칼 마르크스의 정치적 평등, 정치적인 자유, 도시, 과학, 산업의 발달로 모두 리얼리즘적인 경향을 드러내고 있었습니다. 리얼리즘이란 물질적, 육체적인 인생관과 세계관입니다. 그렇기에 18세기 이전까지의 형이상학적이고 종교적이고 정신적인 가치관을 다 뒤집어엎는 그런 세상이 되었지요. 그런데 그러한 세상이 그치지 않고 19세기 말로 더 진행되면서 '자연주의'로 가게 됩니다.

자연주의란 다른 말로 '자연과학주의'입니다. 쉽게 이야기하면 '생물학주의'입니다. 생물학주의란 인간을 생물로만 보는 것입니다. 물론 인간은 생물이지요. 그러나 18세기 이전까지 인간은 주로 정신적인 존재로서 탐구되었고, 육체라든지 물질, 이런 것에 대한 생각이 약했습니다. 그렇지만 19세기 말 프랑스 에밀 졸라의 20권짜리 소설, 『루공 마카르』 시리즈에서 보면 순전히 인간을 자연과학적인 시점에서 보고 있음을 알 수 있습니다. 그래서 인간에게는 정신이 중요한 것이 아니다, 인간의 유전자가 그 사람의 성격 및 성향을 결정한다고 말하고 있습니다. 살인자에게는 살인의 유전자가 있고 착한 사람에게는 착한 사람의 유전자가 있다는 것입니다. 그렇다고 하여 살인의 유전자를 가진 사람이 모두 살인을 하는 것은 아닙니다. 어떤 환경에서 어떤 구체적인 모멘트가 있어야 그 사람에게 그것이 드러난다는 것입니다.

그런데 이런 식으로 인간을 살펴보게 되니까 문학에서 알콜소설, 간통소설, 근친상간소설이 생겨납니다. 하지만 이건 자기 무덤을 자기가 파는 격이었습니다. 왜냐하면 인간에게 자꾸만 욕망이 생겨나고 여기에 정치적인 자유와 경제적인 평등에 대한 욕구가 더해지면서 사회적으로 자꾸만 부추겨지니까, 겉으로 볼 때는 그것이 인격, 인간적인 인권, 또는 인간성의 발현, 이런 말들로 나타났지만 실제적으로는 그에 대한 회의와 함께 인간성이라는 것은 무엇이며 인성이라는 것은 또 무엇이냐는 질문이 생겨났기 때문이지요. 이런 리얼리즘과 자연주의 세계관 속에서는 인간의 육체만 드러나게 됩니다. 결국에는 물질적이고 경제적인 평등에 대한 욕구와 성적인 쾌락에 대한 욕구로 좁혀져서 문화가 모두 그쪽으로 흘러가는 경향을 보입니다.

물질에 대한 여러 가지 욕망이 극대화되어 극점까지 이르렀을 때, 즉 쾌락에 도달했을 때 사람들은 편안해하는 것이 아니라 오히려 불안해하고 답답해하게 됩니다. 이것이 19세기 말의 모습입니다. 이 모습을 바로 『빨간 나무』에서의 '어둠이 밀려오고, 세상은 귀머거리 기계, 모든 일이 한꺼번에 터집니다' 라는 표현에서 찾아 볼 수 있습니다. 그러나 맨 처음의 그림처럼 종이를 말아 들고 외쳐도 아무도 듣지 않지요. 때문에 육체와 물질에 눌려 있는 정신이 소리를 지르는 것입니다. 그리고 그렇게 소리를 지르기 시작한 지 얼마 되지 않아 모든 일이 한꺼번에 터지는 것이지요.

저는 이 그림책을 표현주의 텍스트라 봅니다. '내가 누구인지, 내가 어디 있는지'에 대한 질문들은 모두 표현주의 작가들의 자기정체성 추구입니다. 그런데 문득 자기 바로 앞에 기다리고 있는 것이 있으니,

그것은 아주 작은 싹이며 빨간 나무가 되어 나타납니다. 그렇다면 빨간 나무는 무엇을 가리키는 것일까요? 희망일까요? 이 부분이 우리가 생각해 보아야 할 부분입니다.

구상미술이 아닌 추상미술로 가면 사물은 전부 다 다르게 그려집니다. 생긴 모습, 선, 면, 색이 모두 달라지지요. 그것을 우리가 허위라고 말하지는 않습니다. 거기에는 진실이 존재하기 때문입니다. 나무라 하면 초록색이어야 하는데 『빨간 나무』처럼 빨간색으로 표현한 것을 용서하고 용납하고, 더 나아가 오히려 초록 나무보다 빨간 나무 속에 보다 더 진리에 가까운 어떤 것이 들어 있을지도 모른다는 메시지를 보여주고 있습니다. 그러므로 이 책 안에는 현대문화 전반의 이념이 숨어 있다고 볼 수 있습니다.

19세기 표현주의가 자연과학적이며 정치적이며 성적인 것에 꽉 눌려 인간 본연의 자연, 정신이 제압된 상태에서 소리를 지르는 것부터 출발했다면, 20세기 현대문화의 본질이나 핵심을 이해하고 극복하기 위해서는 뒤집어 보고 거꾸로 보는 훈련이 필요합니다. 『빨간 나무』에는 이런 메시지가 숨어 있는 것이 아닌가 싶습니다.

표현주의를 다른 시각에서 반영하고 있는 『달라질 거야』를 보도록 하겠습니다.

목요일 아침 10시 15분에

조셉 케이는 주전자가

좀 이상하다는 것을 알아챘어요.[64]

7-4 『달라질 거야』
"목요일 아침 10시 15분에 조셉 케이는
주전자가 좀 이상하다는 것을 알아챘어요."

그림책에서 사람이 잠깐이라도 동물이 되고 싶어 할 때, 자신 본연의 모습에서 변화하고 싶을 때 나오는 기법 중 하나가 꼬리를 다는 것입니다. 이 그림에서도 주전자가 꼬리를 달고 있습니다. 그리고 집에 있는 모든 사물들이 짐승, 동물로 변하고 있습니다. 사람들이 사는 곳이 아닌 맹수들이 사는 곳으로 바뀌고 있는 것이지요.

주인공 아이는 달라진다는 것에 대해 두려움을 드러냅니다. 아이들이 갖는 두려움의 심리적인 표상이 드러나고 있습니다. 때문에 이 책은 변화가 가져올 두려움, 절망, 공포, 결핍 등, 무언가 지금의 상황보다는 더 무서워질 것 같고 없어질 것 같은 예감으로 아이의 심리를 그린 이야기로 볼 수 있습니다. 그런데 표현주의적인 세계로 이 그림책을 보면 해석이 달라집니다.

7-5 『달라질 거야』 "아빠가 말한게 이걸까요?"

『달라질 거야』는 『빨간 나무』에서 찾아 볼 수 있었던 억압, 인간성의 파괴, 어디를 봐도 도저히 구원의 길이 보이지 않는 절망적인 상황 같은 것은 보이지 않습니다. 그러나 이러한 상황이 전제되어 있지 않았을 뿐, 관심이 없다거나 그런 것은 아닙니다. 『달라질 거야』는 상황에 대한 출발이 표현주의의 일반적 모습과는 사뭇 다릅니다.

　집안에 등장하는 맹수들을 보십시오. 이 맹수들의 출현은 주전자에 꼬리가 달리는 변화에서부터 출발하고 있습니다. 이것은 20세기 들어서 표현주의로 나타난 많은 문학작품들, 특히 산문에서 나타나는 중요한 현상 중 하나입니다. 즉, 인간이 동물 수준으로 변화한다는 것으로, 인간의 추락을 나타냅니다. 이것은 19세기 후반에 나타난 자연과학주의, 그러니까 인간을 그냥 생물적인 존재로만 보려는 사고에 대한 비판이며 반발입니다.

　20세기 전반 서양의 많은 문헌들에서 우리가 만날 수 있는 것이 인간성의 추락입니다. 인간에서 벌레, 동물 수준으로의 추락입니다. 인간이 만물의 영장이다, 또는 형이상학적인 정신적 존재라는 생각은 이미 19세기에 많이 약화된 것이지요. 목요일 아침에 주전자에 꼬리가 생기기 시작하면서 악어가 나오고 고릴라가 나오는 모습은 아이의 심리적 상황으로 보는 것을 넘어서서 가정이, 가족이 동물들의 등장과 더불어서 변화할지도 모른다는 시각을 가질 수 있습니다. 이것은 표현주의적인 것입니다.

　표현주의적인 근거가 숨어 있다고 보는 확실한 부분은 조셉이 자기 방으로 들어와서 문을 닫고 있는 장면입니다. 캄캄한 장면 안에서 아이의 마음속에 들어 있는 두려움, 불안 섞인 기대에서 자기를 폐쇄시

킨 것은 표현주의적인 것이기 때문입니다.

『빨간 나무』에서 빨간 나무가 솟아나는 것은 구체적인 리얼리즘 문학이 아닌 상징적으로 세상을 거꾸로 보고 뒤집어 보는 것입니다. 이렇게 나무가 빨간 나무가 될 수 있는 것처럼 『달라질 거야』도 새로운 생명으로서 깜깜한 곳에 있는 닫힌 문이 다시 열리는 것이지요.

표현주의 작가들이 모색하고 있는 것은 리얼리즘적인 것이 아니라 뒤집고 찢고 새롭게 보태고 비약하고 생략하고, 경우에 따라서는 크게 과장하는 것입니다. 그런 것을 통해서 진실을 찾을 수 있다고 생각하고 동시에 전통적인 인간성, 희망 같은 것들을 역설적인 작업을 통해 끌어내어 부활시키려는 것이 20세기 초 표현주의입니다.

그러므로 『달라질 거야』는, 『빨간 나무』가 파괴적이고 절망적인 상황 속에서 새로운 것을 뒤집으면서 보여주었던 대안 문화로서의 현대 문학이 아니라, 전통적인 것의 새로운 조명을 통한 또 다른 부활을 보여줍니다.

8 실존주의와 『나랑 같이 놀자』 『변신』 『100만 번 산 고양이』

표현주의와 실존주의는 바로 연결이 됩니다. 실존주의는 2차 세계대전 이후 1950, 60, 70년대를 풍미한 사조입니다. 그러나 이미 20세기 전반 라이너 마리아 릴케로 대표되는 작가들에 의해 이미 준비되고 있었습니다.

내가 말을 건넸습니다.
"개구리야, 나하고 놀자."
내가 개구리를 붙잡으려고 하자, 개구리도 펄쩍 뛰어 도망가고 말았죠.[65]

『나랑 같이 놀자』는 편안하고 안온한 분위기의 책입니다. 그림은 노란색을 바탕으로 하고 있고, 그 속의 아이는 하얀 옷에 분홍빛 얼굴로 그려져 있습니다. 색은 이렇게 세 가지로만 되어 있지요. 이 때문에 안온한 느낌이 드는 것입니다. 이 그림책은 잔잔합니다. 하지만 주는 메시지는 정말 강렬합니다.

『나랑 같이 놀자』, 『변신』, 『100만 번 산 고양이』, 이 세 권의 그림책은 저에게 실존주의를 강력하게 연상시켰습니다. 그렇다면 실존주의

8-1 『나랑 같이 놀자』 "개구리도 돌아와 풀밭에 앉았습니다."

란 무엇일까요? 쉽게 말하여 '내 맘대로 되는 게 없다'는 것이 실존주의입니다. 말 그대로, 실제로 존재하는 것이 가장 중요하다는 사상입니다. 철학은 기본적으로 인간과 현실에 관한 것입니다. 예컨대 인간이란 무엇인가에 대해 생각해 보는 것이지요. 이 질문에 대하여 데카르트는 '생각하는 존재'라고 답하였습니다. 인간에 대한 해석이 가장 최초로, 그리고 체계적으로 된 대답이었지요. 19세기 중후반에는 자연주의적인 인간관으로 인하여 인간은 어떤 종류의 유전자의 작용에 의해, 어떠한 환경 아래, 어떤 모멘트를 만났을 때 말과 행동이 나오는 존재라 하였습니다. 인간을 생물학적인 시각에서만 해석한 것입니다. 동물처럼 인간을 해부했다는 것이죠. 자연주의 이후로는 다음 장에서 알아볼 프로이트 같은 사람이 인간에게는 심리적인 요인, 무의식으로 인하여 꿈, 성적 요소 등이 강하게 작용하고 있음을, 그런 인간에 대한 속성을 살펴보고 있습니다.

그러나 실존주의는 분석의 필요성에 대해 관심이 별로 없습니다. 그리하여 실존주의의 대가인 프랑스의 장 폴 사르트르나 알베르 카뮈는 '나는 느낀다, 그러므로 존재한다' 라는 명제에 이르게 됩니다. '내가 느끼니까 존재한다' 는 것은 아무 인과관계가 없기 때문에 사회적인 책임의 문제가 큰 이슈가 되었지요. 사르트르가 나중에 공격을 받은 것도 '책임' 의 문제입니다. 사르트르는 책임에 대해 각자의 '주체성' 으로 판단할 문제라고 이야기했습니다. 그렇지만 곧 사회라는 것은 주체성보다 관계의 문제이기 때문에 사회적 문제를 주체성이 해결하지 못한다는 반박이 나옵니다. 이러한 실존주의가 2세기 동안을 지배해 온 인간의 사고와 체계, 그에 의한 인과관계를 다 흔들어버렸습니다. 그러면 이런 실존주의는 어떻게 출발했고, 어떻게 하여 이런 생각이 나오게 된 것일까요?

사르트르나 카뮈는 실존주의의 원류이며, 실존주의는 프랑스를 중심으로 발전하였습니다. 그런데 뒤늦게 라이너 마리아 릴케가 실존주의의 원류라는 해석이 나왔습니다. 그리고 80년대 이후에는 '실존주의는 릴케부터' 가 학계에 공식화된 통념이 되었습니다. 그렇기 때문에 릴케에 대한 이야기를 안 할 수가 없지요.

릴케의 가장 중요한 시는 제일 앞 장에서 말했던 『두이노의 비가』입니다. 『두이노의 비가』 곳곳에서 실존주의가 나타나고 있지만, 특히 1비가와 10비가에서 잘 드러나 있지요. 신에 대한 거부와 지금 이곳에 있다는 자각을 강조한 시입니다. '저 먼 곳에서 천사들이 내가 외치는 소리를 들어준다 하더라도 나는 내 실존의 어둠으로 인하여 스러져 버리고 말 것이다. 또 그 천사의 강력한 빛으로 인하여 나는 소멸되어 갈 것이다' 라고 말하고 있습니다. 요컨대 천사를 신, 또는 신의 임재로 해석한다면, 하나님이 아무리 인간을 사랑해서 껴안고 용서해준다 하더라도 인간이 받아들이지 않는다는 것입니다.

『두이노의 비가』에서는 습관의 왜곡된 성실성에 대해서도 언급하고 있지요. 릴케는 이것에서 벗어나야 한다고 말합니다. 기본적으로 모든 문학인들과 철학인들의 공통적 테마는 구원이기 때문입니다. 구원은 지금 우리가 사는 내 모습, 상황, 현실이 어렵고 힘들다는 것이 전제되어 있습니다. 기독교에 의하면, 이러한 우리의 상황은 타락한 모습이고, 인간은 신의 모습대로 생겨났는데 신에게 불순종하여 에덴동산에서 쫓겨났지만 다시 신의 모습으로 회복되는 것이 구원이라는 것입니다. 그런데 기독교와 관계없는 사람이라 하더라도, 그리고 관계없는 상황이라 하더라도 문학, 예술, 철학은 언제나 세계에 대한 비판적, 비관론적인 인식에서 출발합니다. 왜냐하면 인간이란 수많은 한계 속에 있기 때문입니다. 죽음이라는 한계, 시공간을 뛰어넘어 있는 보편적인 진리에 대한 추구 등, 그런 것들로부터의 구원인 것입니다.

『두이노의 비가』는 신이 사라져버린 시대에서 우리는 어떻게 구원될 것인가에 대한 질문입니다. 릴케는 우리 스스로 구원해야 한다고 말합니다. 어떻게 스스로 구원할 수 있을까요? 릴케는 여러 가지 순수한 상황을 자기 나름대로 상정합니다. 인간이 한계 속에서 살아가는 이유는 관습에 얽매였기 때문이며, 이 관습은 인간이 서로 이용하고 또 세상을 이용하려 하기 때문에 얽매여 있습니다. 예를 들어, 책상이 '책상'이라는 이름을 가진 이유는 인간이 그렇게 지었기 때문이며, 이것은 인간의 '이용'을 위해서 만들어졌다고 보는 것입니다. 그렇기 때문에 이 세상에 붙여져 있는 모든 이름들은 인간의 이용에 대한 욕망의 결과들일 뿐, 사물 본래의 모습과는 무관하다는 것이지요.

릴케는 이렇게 말합니다. 인간은 모든 것을 제멋대로 이용하는데 명민한 짐승들은 인간의 그런 행동들을 아주 잘 눈치 채고 있다고 말입니다. 명민한 짐승들은 인간이 그 어느 곳에서도 친숙하게 안주할 수 없다는 사실을 알고 있는 것이지요. 인간은 끊임없이 무언가에 이름을 붙이고 누군가가 다른 이의 무엇인가를 이용하려고 듭니다. 이런 부분을 짐승들은 눈치 채고 있다는 것입니다. 그래서 릴케는 순수시간, 순수공간을 상정합니다. 순수시간으로 상정하는 대표적인 시간이 밤입니다. 낮은 이용과 용법, 관습에 철저히 묶여 있는 시간이지만 밤은 아니라는 겁니다.

릴케는 사랑에 관해서도 말합니다. 사랑은 쏘기 전의 화살과 같습니다. 팽팽하게 잡아당긴 상태라는 것이지요. 가장 팽팽한 긴장에 이르렀을 때 가 순수시간인데, 바로 그 때 그 화살은 날아가 버리고 맙니다. 머무름이란 없습니다. 그러니, 순수한 시간과 공간은 아무 데도 누구에게도 없는 것입니다. 때문에 사랑이라는 것도 없지요. 하지만 릴케는 마지막에 이렇게 말합니다. 구원은 결국 시에 있다고 말입니다.

'신'에서 '시'로 옮겨간 것입니다.

릴케의 시 중에 '사물시'가 있습니다. '사물시'는 사물 그 자체를 말하는 것이지요. 우리가 부르는 '책'을 보고 릴케는 책이 아니라 종이가 합쳐진 그 어떤 것 자체로 보았습니다. 책은 어떠한 내용을 가지고 있지만, 그 내용이라는 것은 우리가 그런 식으로 메시지를 주는 것일 뿐, 그 사물은 그 자체로 주인공입니다. 순수공간, 순수시간 속에서는 연인들의 사랑도, 심지어 부모들의 사랑도, 인간의 사랑이라는 것은 모두 공리적인 것입니다. 모두 인간의 '이용'을 위한 것이라는 말입니다. 그리하여 릴케는 '사물 그 자체로 보라'고 말합니다. 사람들은 저들과의 관계 속에서 무언가에 이름을 붙이려고 하고 저한테 유익을 주는 것과 나쁜 것을 선을 그어 구분하려 합니다만, 사실 중요한 것은 사물 그 자체만을 봐야 한다는 것입니다.

사람은 인간적이라는 이름 아래 관계를 소중히 여기지만, 사실 사물은 그 자체로 보았을 때 의의가 있는 것입니다. "나랑 같이 놀자"고 다가갔을 때 모두 달아났던 동물들이, 가만히 있으니까 모두 다 곁으로 오는 모습을 보십시오. 가만히 있으니 이전에 등장하지 않았던 사슴까지 다가오지요. 문학적으로 보았을 때 이것이 실존주의적인 것입니다.

이번에는 『100만 번 산 고양이』를 보겠습니다.

한때 고양이는 임금님의 고양이였습니다. 고양이는 임금님을 싫어했습니다.
임금님은 싸움 솜씨가 뛰어나 늘 전쟁을 했습니다. 그래서 고양이를 멋진 바구니에 담아 전쟁터에 데리고 다녔습니다.
어느 날 고양이는 날아온 화살에 맞아 죽고 말았습니다.

8-2 「100만 번 산 고양이」
"어느 날 마술사는 실수로 고양이를 정말 반으로 쓱싹쓱싹 자르고 말았습니다."

임금님은 전쟁이 한창인데도 고양이를 껴안고 울었습니다.
임금님은 전쟁을 그만두고 성으로 돌아왔습니다. 그리고 성의 정원에 고양이를 묻었습니다.[66]

여기에서는 사물 그 자체가 아닌 이용, 소유의 관계가 명백히 나타납니다. 그리고 고양이는 임금님의 고양이인 것을 행운이라고 생각하지 않고 받아들이지 않습니다.

한때 고양이는 서커스단 마술사의 고양이였습니다. 고양이는 서커스 따위는 싫었습니다.

마술사는 날마다 고양이를 상자 속에 집어넣고 톱으로 쓱싹쓱싹 상자의 반을 잘랐습니다. 그러고도 까딱없는 고양이를 상자에서 꺼내어 박수갈채를 받았습니다.

어느 날 마술사는 실수로 고양이를 정말 반으로 쓱싹쓱싹 자르고 말았습니다.

마술사는 반으로 잘린 고양이를 두 손에 들고 소리 내어 엉엉 울었습니다.

아무도 박수를 치지 않았습니다. 마술사는 서커스단의 천막 뒤쪽에 고양이를 묻었습니다.[67]

인간의 욕망, 이용이란 관점에서 볼 때는 서커스단에 있는 고양이가 박수를 받고 호응을 받는 모습에서 고양이가 출세했다고 생각할지도 모릅니다. 그렇지만 고양이는 또 그러한 자신을 받아들이지 않지요. 고양이가 죽자 마술사가 울었다는 부분을 보십시오. 이것은 인간인 마술사와 고양이와의 관계가 깊었음을 알 수 있습니다.

한때 고양이는 누구의 고양이도 아니었습니다.

도둑고양이였던 것이죠.

고양이는 처음으로 자기만의 고양이가 되었습니다. 고양이는 자기를 무척 좋아했습니다.

어쨌든 고양이는 멋진 얼룩 고양이였으므로, 멋진 얼룩무늬 도둑고양이가 되었습니다.[68]

고양이의 실존이 시작되었습니다.

하얀 고양이는 귀여운 새끼 고양이를 많이많이 낳았습니다.
고양이는 이제
"난, 백만 번이나……"
라는 말을 절대로 하지 않았습니다.
고양이는 하얀 고양이와 새끼 고양이들을 자기 자신보다 더 좋아할 정도였습니다.[69]

이 그림책은 여기에서 실존주의의 한계를 지적하고 있습니다. 저 혼자 잘난 척했지만 저보다 더 잘난 하얀 고양이를 만나게 된 것이지요. 백만 번이나 살았다고 관록을 자랑하던 고양이가 새끼 고양이들과 하얀 고양이를 자기 자신보다 더 좋아하게 된 것입니다. 나하고 놀자고 말할 때는 모두 달아났지만 가만히 있을 때는 다른 동물들이 찾아온다는 사실을 새롭게 각성한 여자아이와 비슷한 대목입니다.

두 권의 그림책은 명백하게 실존주의에 관련된 책입니다. 그런데 이번에 볼 『변신』은 조금 다른 의미에서 또 다른 실존주의적인 시각을 보여줍니다. 이 책은 프란츠 카프카의 『변신』과 관계가 있습니다.

프라하 출신의 프란츠 카프카는 20세기 전반부를 살다 간 작가로서 난해한 작품을 쓰는 것으로 알려져 있습니다. 그리고 그의 작품 또한 여러 가지 시각에서 해석되고 있지요. 카프카는 자본주의를 비판하거나 관료체제를 비판하거나 더 나아가서 구약의 율법 문제를 다룬 이야기를 썼습니다. 구약만의 존재를 믿는 것이 유대교입니다. 메시아는 아

8-3 『변신』 "그레고리 샘슨은 어느 날 아침, 잠에서 깨어나 깜짝 놀랐어요"

직 오지 않은 존재로 생각하는 것이지요. 그렇기 때문에 굉장히 율법적입니다. 프란츠 카프카는 그 문제를 다룬 대표적인 작가입니다. 이러한 카프카의 작품 가운데 『변신』을 모델로 만든 그림책이 로렌스 데이비드의 『변신』입니다.

그레고리는 방에 걸린 거울을 한참 동안 들여다보았어요. 진한 밤색 몸통의 커다란 딱정벌레가 틀림없었어요. 까맣고 큼직한 딱정벌레 눈이 두 개, 기다란 딱정벌레 더듬이도 두 개 있었어요. 가늘고 긴 데다 털까지 숭숭 난 딱정벌레 다리도 여섯 개가 생겼어요. 아무리 생각해 봐도 전에는 이런 일이 없었던 것 같은데 말이에요.

아빠가 아래층에서 부르셨어요. "그레고리, 옷 입고 내려와서 아침 먹어야지."**70**

원래 작품의 벌레는 딱정벌레가 아닌 해충으로, 거울을 들여다보지 않고 자신을 만져보다가 침대에서 뚝 떨어집니다. 아빠가 다정하게 말하지도 않습니다.

그러다가 세면대 위의 거울을 보니, 흐익 아직도 딱정벌레 그대로였어요. 그레고리는 옷 입은 딱정벌레를 본 적이 없었습니다. 하긴, 벌레들은 학교에 가지 않을 테니까 옷을 입을 필요도 없겠지요. 그레고리는 옷장을 뒤져서 헐렁헐렁한 셔츠와 쭉쭉 늘어나는 고무줄 바지를 찾았어요. 바지는 입기 쉬웠어요. 하지만 셔츠에는 팔이 들어갈 구멍이 두 개밖에 없었어요. 초등학교 2학년 아이한테 벌레 다리 여섯 개가 생기리라고 누가 짐작했겠어요? 그레고리는 할 수 없이 셔츠에 구멍을 내서, 새로 생긴 두 팔을 집어넣었죠. 아니, 팔이 아니라 다리인가?**71**

카프카의 『변신』과 다른 점입니다. 여전히 딱정벌레로 바뀌었음에도 불구하고 자신의 옷을 그대로 입으려고 하지요.

그레고리는 딱정벌레로 변했음에도 불구하고 전혀 위축되지 않습니다. 그리고 가족들도 별로 걱정을 안 합니다. 그런데 그레고리는 왜 자꾸만 거울을 볼까요? 이 그림책의 구성상 중요한 부분입니다. 그것은 다른 식구들이, 자신이 딱정벌레가 되었음을 인정하지 않기 때문에 그것을 확인하기 위해서 거울을 보는 것으로 볼 수 있습니다. 자신의 눈에는 자신이 딱정벌레가 된 것이 보이는데 다른 식구에게는 보이지 않나, 확인하는 것이지요. 여기에는 이중의 착시 현상이 있습니다. 그렇기에 유머와 아이러니가 존재합니다.

우리가 『나랑 같이 놀자』, 『100만 번 산 고양이』를 통해 실존주의를 볼 때는 약간 부정적인 인상이 있었습니다. 느끼므로 존재한다는, 사회적 결속력에 대한 것을 인정하지 않고 인간의 독립성만을 강조한 것이라 보였을 테니까요. 그러나 『100만 번 산 고양이』를 통해 실존주의가 주는 긍정적인 효과는, 세상과 인간에 대한 서늘한 관계입니다. 그런데 『변신』에서는 더 나아가 현실의 수용을 보여주고 있습니다. 사람이 벌레로 변한다는 것은 리얼리즘적인 차원에서 본다면 죽음보다 더한 것일 수 있습니다. 장애를 갖게 되거나 큰 변화와 절망이 있을 때의 알레고리입니다. 하지만 이 책에서는 인간이 벌레가 되었을 때도 본인은 그 사실을 비교적 담담하게 받아들이고 있습니다. 가족도 그 상황을 담담하게 받아들이고 있고요. 그러다 가족이 벌레라는 것을 인정했을 때 그레고리는 울고 맙니다. 상황이 풀리거나 누군가가 자신의 고생을 알아줬을 때 눈물을 흘리게 된 것이지요.

실존주의에도 사랑이 있을까요? 이것이 사르트르에게는 큰 명제였습니다. 사르트르는 '실존주의야말로 사랑이다'라고 말했습니다. 아이가 벌레가 되었음에도 불구하고 부모가 울지 않고 오히려 유머와 아이러니로 받아들이고 있는 것은 궤변처럼 보일 수 있습니다. 하지만 부모가 그렇게 하는 것은 최고의 수용입니다. 그렇기 때문에 유머와 아이러니로 받아들이고 있는 것이지요. 그리고 받아들이고 나자 다음 날 아침 모든 것은 회복됩니다.

세상은 치열한 인간관계와 인간들 사이의 이해관계에 따라 상처 받고 상처를 주는 시간과의 전쟁 속에 있습니다. '이랬으면 좋았을걸', '저걸 어쩜 좋아' 라고 생각하는 것보다 사물 그 자체로 보는 것이 중요합니다. 어떤 문제를 가리켜 그것이 정치적인 차원이라든지 도덕적인 차원이라든지 비즈니스적인 차원이라든지, 그런 모든 것보다 실존의 문제가 중요하다고 말할 수 있습니다. 그것은 그 사람이 갖고 있는 재산이나 인격, 도덕, 출신, 성별이 아니라 그 사람이 거기에 있는 그 자체로 따지자는 것입니다. 이것이 실존의 문제입니다. 그냥 있는 그대로, 그 모습으로, 실존적인 문제로 받아들이라는 것입니다. 카프카가 인간의 소외 문제를 비관적이고 염세적으로 비춰냈다면, 이 책은 짧은 글로 실존주의가 갖고 있는 방법적인 인생관의 긍정적인 측면을, 실존주의의 사랑의 실체를 보여준 것이 아닌가 싶습니다.

9 프로이트와 꿈, 『고릴라』 『괴물들이 사는 나라』

데카르트의 철학과 자연주의는 기본적으로 인간을 이원론적으로 봅니다. 정신과 육체로 나누어서 보는 것입니다. 그런데 19세기 말에서 20세기 초에 걸친 프로이트의 정신분석학에 의해 인간에 대한 이러한 이원론이 흔들립니다. 그리고 표현주의, 실존주의에 의해 그 흔들림이 커집니다. 프로이트의 꿈에 대한 이론에 들어가기 앞서서 앤서니 브라운의 『고릴라』를 살펴보겠습니다.

> 둘은 현관 문을 열고 밖으로 나왔어.
> "그럼 가자."
> 고릴라는 한나를 살짝 들어올려 허리에 꼈어.
> 그리고 나무를 타면서 동물원으로 갔지.**72**

주인공 한나에게 꿈이 없었다면 얼마나 불행했을까요? 한나는 아버지에 대한 원망, 불만이 많을 뿐 아니라, 그로 인해 자신의 실존에 대한 불안까지 겪습니다. 이런 한나에게 구원은 꿈, 잠에서 옵니다. 꿈속에서, 즉 비현실 속에서는 오히려 실제 고릴라를 만나고 모든 것, 아버

9-1 『고릴라』 "그럼 가자."

지에 대한 불만들이 풀어집니다. 현실 속에서는 인형일 뿐이었던 고릴라였지만 말이지요. 그리고 딸의 말을 묵살하던 아버지는 한나가 꿈을 꾼 이후 딸을 다정하게 대합니다. 아버지가 한나를 다정하게 대해주는 부분은 두 가지로 해석할 수 있습니다. 첫 번째는 아버지가 다정하게 대하지 않았는데도 꿈이 한나의 불만들을 풀어줬기 때문에 아버지의 모든 것을 따뜻하게 볼 수 있었던 것입니다. 꿈으로 인해 한나의 마음이 따뜻해졌으니까요. 아니면 아버지가 실제로 따뜻하게 대했을 수도 있습니다. 그러나 어느 쪽이든 꿈과 연관되어 있습니다.

아버지는 변하지 않았을 수도 있습니다. 문제의 초점은 딸 한나가 그렇게 따뜻하게 느끼고 있다는 것입니다. 여기에서 '의식'의 문제를 떠올릴 수밖에 없습니다. 우선, 꿈 때문에 모든 문제가 풀어졌습니다. 그런데 왜 한나는 고릴라에 그렇게 연연하는 걸까요?

과연 '의식'은 무엇일까요? 쉽게 말해 '의식'은 지식으로서의 앎이 아니라 몸으로서의 앎입니다. 그렇다면 몸으로서의 앎이란 무엇일까요? 이 문제에 답하기 위해서는 '앎'이라는 문제를 짚고 넘어가야 합니다. '앎'은 '느낌으로서의 앎'도 있고, '지식으로서의 앎'도 있습니다. 느낌으로서의 앎은 체계화되지 않았지만 우리가 시시때때로 느낍니다. 어떤 문제에 대한 민감도, 혹은 외로움이나 불안, 거창하게는 골방에서 시대의 아픔과 슬픔을 느끼는 것까지 모두 몸으로서의, 느낌으로서의 앎입니다. 비록 체계화된 지식은 아니지만 이것이 바로 '의식'입니다.

그런데 이상하게도 '무의식'이라는 개념은 체계화되어 있고, 잘 알려져 있습니다. 바로 프로이트의 공헌 때문이지요. 프로이트의 학문적 성과는 매우 방대합니다. 그 방대한 이론들 중 가장 핵심이 되는 개념이 바로 '무의식'입니다. 프로이트가 문제 삼았던 꿈, 성 등의 문제들을 포괄하는 보다 근본적인 개념이 '무의식'이기 때문이지요. 지금 우리가 쓰는 '무의식'이라는 말은 온전히 프로이트의 용어입니다.

앞서 '의식'이 몸으로서의 앎이라고 했습니다. 그렇다면 '무의식'이란 무엇일까요? 무의식을 알기 위해서 이제 꿈이라는 개념이 나옵니다. 가장 밑바닥에 있는 무의식을 알기 위해서 '꿈'으로 가고, 꿈을 알기 위해서 꿈꾸기 전의 상태로 가야 합니다.

프로이트는 꿈이 어떻게 주어지는가 하는 문제를 의식의 개념으로 보았습니다. 때문에 잠들지 않은 상태, 일상의 상황 속에서 우리에게 어떤 심리적인 기제, 메커니즘이 있는가를 문제 삼았고, 이를 만족과 불만족의 상태로 나누었습니다. 그리고 불만족의 가장 큰 원인을 성적인 불만족에서 찾습니다. 그래서 프로이트는 이전의 철학들이 그랬듯 인간을 이분화시키지 않고 인간의 성격과 욕망을 기준으로 리비도, 이드, 에고, 슈퍼에고로 나누었습니다. 일반적으로는 이드와 에고로 인간을 설명하지만, 프로이트는 리비도가 인간의 행동과 사고를 지배한다고 생각했습니다. 리비도를 성적인 욕망으로 번역하기도 하지만, 이 말로 리비도를 규정할 수는 없습니다. 리비도는 분명 프로이트의 용어입니다.

프로이트는 정신과 의사였습니다. 히스테리를 연구하면서 프로이트가 발견한 것들이 의학적인 차원에서 문화적인 차원까지 확대되었지요. 그가 보기에 인간 본질의 문제들은 대부분 여성의 문제였습니다. 여성에게 성적인 결함, 해소될 수 없는 근본적인 불만이 있다고 본 것입니다. 남성의 히스테리 문제에 대해서는 또 이렇게 설명합니다. 즉, 남성들은 사회적인, 교육적인 단계에서 자신이 여성화되지 않을까 하는, 거세 공포증을 갖고 있다는 것입니다. 그래서 서양 사회에서의 남근중심주의, 성행위 자체도 권력 관계로 보려는 시선들이 프로이트에서부터 출발했다고 봅니다. 이쯤 되면 페미니스트들 대부분이 프로이트를 싫어하는 이유를 알 수 있습니다. 제 개인적인 생각으로는 프로이트의 학설이 인간의 어떤 면을 보여주고 설명해주기는 하지만, 그리 아름다워 보이지는 않습니다.

어쨌든 프로이트는 어떤 상황, 현실 속에서의 불만들이 꿈에서 보상받는 현상으로 나타난다고 보았습니다. '현실의 불만이 꿈에서의 보상' 이라는 부분을 확대한 것이 프로이트의 예술 이론입니다. 모든 문학, 음악, 미술 활동을 일종의 현실적인 꿈으로 본 것이지요. 소망하고 추구하지만 현실 속에서는 이루어질 수 없는 일, 예컨대 근친상간 심지어는 살인까지 꿈에서는 가능한 것들이 예술 활동으로 나타난다는 것입니다.

그렇다면 꿈은 무엇일까요? 의식과 무의식 사이에는 의식의 전 단계인 전의식이 있습니다. 꿈을 꾸는 활동은 이러한 전의식에서 이루어집니다. 전의식은 본인이 대체로 꿈을 통해 압니다. 하지만 무의식은 모릅니다. 프로이트는 이렇게 무의식, 꿈, 현실에서의 불만, 성적인 욕망 등을 일관된 과정으로 설명하고, 이를 사회 활동, 예술 활동과 연관 지었습니다.

그런데 프로이트는 꿈의 표상, 상징들을 만들어 놓았습니다. 그리고 체계화시켜 놓았지요. 예컨대 꿈속에서 연못이나 보자기는 여성 성기를 상징하고, 이는 또 모성 결핍으로 인한 불만의 표출이라는 식으로 말입니다.

앞서 프로이트는 인간을 정신과 육체로 나누어 보는 철학의 시선들을 흔들어 놓았다고 했습니다. 19세기 말의 자연과학적인 세계관에 의해 인간의 이성이 도구화되고 인간성이 마멸되어 가는, 정치적·경제적·유물론적 상황들에 의해 나타나는 반인간적인 풍토들을 흔들어 놓기 위해, 반박하기 위해 프로이트는 자신의 학설을 세우고 체계화시켰습니다. 인간을 보다 인간적으로 해석하기 위해서이지요. 그러나 이후 프로이트 역시 자연과학적인 세계관과 인간관을 벗어나지 못했다는 비판을 받습니다. 그 첫 번째 근거가 바로 꿈의 계열화, 줄긋기입니다. 모든 의사들은 인과관계에 아주 철저합니다. 두통이 있으면 병인이 있을 거라는 것이죠. 즉, 병인과 증상 사이에 줄긋기를 합니다. 프로이트 역시 인간을 심리적으로 분석한 뒤 꿈으로 상징되는 상징체계를 만들어 그것을 어린 시절 혹은 그 개인을 형성해 온 어떤 것의 상처의 결과로 본 것입니다. 바로 줄긋기입니다. 지금까지도 정신분석학을 전공하는 의사들뿐만 아니라 정신분석학적인 문학 비평, 연구의 글 대부분이 이런 식의 분석을 하고 있습니다.

프로이트에 대한 비판과 프로이트의 학설이 가진 한계에 대한 논의는 지금도 활발히 이루어지고 있습니다. 그러나 우리가 『고릴라』에서 보고자 하는 것은 한나의 불만입니다. 한나의 불만은 꿈을 통해서 해소되었습니다. 한나가 그렇게 보고 싶어 하던 고릴라를 꿈에서 본 것이죠. 프로이트의 학설에는 동물 상징이 대단히 많습니다. 『고릴라』에서 고릴라는 전형적으로 아버지를 상징하지요. 이를 두고 근친상간으로도 볼 수 있지만, 거기까지는 가지 않겠습니다.

다음에는 『괴물들이 사는 나라』를 보겠습니다.

바로 그날 밤에 맥스의 방에선 나무와 풀이 자라기 시작했지.[73]

'맥스의 방'이라고 했지만 저는 이것을 '맥스의 무의식이라는 방'이라고 읽겠습니다.

나뭇가지가 천장까지 뻗쳤지. 이제 맥스의 방은 세상 전체가 되었어.[74]

9-2 『괴물들이 사는 나라』
"맥스가 괴물 나라에 배를 대자 괴물들은 무서운 소리로 으르렁대고, 무서운 눈알을 뒤룩대고, 무서운 발톱을 세워 보였어"

이것을 '맥스의 무의식이 의식이 되어버린 상태'라고 생각합니다.

맥스는 맥스 호를 타고 넓은 바다로 나아가 밤새 항해를 했지.[75]

이것은 아주 전형적인 무의식을 보여줍니다. 항해의 이미지가 그렇습니다. 꿈에 바다를 항해한다는 것은 무의식의 넓이가 넓고 크다는 것을 의미합니다. 무의식이 상당히 왕성하고 풍성하다는 것을 상징합니다.

맥스가 괴물 나라에 배를 대자 괴물들은 무서운 소리로 으르렁대고, 무서

운 이빨을 부드득 갈고, 무서운 눈알을 뒤룩대고, 무서운 발톱을 세워 보였어.[76]

괴물은 꿈속에서의 상징물입니다. 괴물로 상징될 수 있는 짐승을 꿈꿀 수 있는 사람은 실제로 많지 않습니다. 프로이트적인 상징이 별로 풍성하지 않다는 것이지요. 우리나라 그림책에서는 괴물이나 짐승의 이미지가 잘 등장하지 않습니다. 대신 교훈적인 이미지가 많지요. 작은 요트로 넓은 바다를 항해한다는 것 또한 드뭅니다. 바다와 괴물의 이미지는 아주 전형적인 프로이트의 무의식을 상징합니다.

제임스 조이스의 『율리시즈』는 프로이트 식으로 해석하지 않으면 분석이 어려운 작품입니다. 마르셀 프루스트의 『잃어버린 시간을 찾아서』도 마찬가지입니다. 이들 작품의 공통점은 우리의 무의식 속에 '괴기한 것'이 있다는 것입니다.

무의식에서 전의식으로 온 '꿈'에는 괴기스럽고 엽기적인 것이 많습니다. 전의식은 대부분 괴물적인 이미지를 가지고 있습니다. 무의식이 괴물적이고, 엽기적이고, 악질적인 것들로 가득 차 있으니까요.

꿈이 다 괴기한 것으로 가득 차 있다는 것은 남성적인 폭력에 시달리고 있다는 증거입니다. 때문에 잉게보르크 바하만 시인은 우리의 꿈부터 달라져야 한다고 말합니다. 이것은 프로이트적인 의미의 꿈과 그 꿈에 대한 해석의 비판으로 볼 수 있습니다.

괴물들은 맥스를 괴물 나라 왕으로 삼았어.
맥스는 큰 소리로 외쳤어. "이제 괴물 소동을 벌이자!"[77]

우리나라에서 옛적에 탈을 쓰는 행위는 신분을 감추고 양반들이 상민들을 해방시켜 준다는 것을 상징했습니다. 탈을 쓰고 평소에 못해봤던 일들을 하는 것입니다. 그러므로 탈을 쓴다는 것은 무의식으로 가는 행위입니다. 맥스가 괴물이 된 것처럼 노는 듯이 말이지요.

"이제 그만!" 맥스는 이렇게 외치고, 저녁도 안 먹이고 괴물들을 잠자리로 쫓아버렸어. 괴물 나라 왕 맥스는 쓸쓸해졌지. 맥스는 자기를 사랑해 주는 사람이 있는 곳으로 돌아가고 싶었어. 그때에 머나먼 세계 저편에서 맛있는 냄새가 풍겨 왔어. 마침내 맥스는 괴물 나라 왕을 그만두기로 했지.[78]

그러나 결국 맥스는 '사랑'과 '맛있는 냄새'가 있는 곳으로 돌아갑니다. 맥스는 괴물들의 나라인 리비도의 세계에서 이드, 에고의 세계로 거슬러 올라가고 자신을 낮춰 슈퍼에고(초자아)로 갑니다. 슈퍼에고는 자기도 어떻게 할 수 없는 의식의 긴장된 상태인데, 이것은 오래 지속될 수 없습니다. 그러므로 이 슈퍼에고는 순간입니다. 이에 반해 무의식의 바다는 넓고 넓습니다. 이것이 바로 프로이트의 주장입니다.

3부 문학의 샘과 뿌리

10 우주적 상상력과 신화이야기
『신화 속 괴물』 『나는 우주 어디에 있는 걸까?』

　이 장에서 하고자 하는 말은 신화 이야기입니다. '그리스 로마 신화'를 보면 다른 신화가 그렇듯 작가가 있는 것이 아닙니다. 신화는 전승되어 온 이야기인데, 보통은 토마스 불핀치라는 사람이 정리한 것이 가장 권위 있는 것으로 되어 있습니다. 『신화 속 괴물』은 신화 속 일부의 신만 골라 놓았습니다.

　사실 그리스 로마 신화 속 모든 신은 괴물입니다. 그리스 로마 신화는 그리스에서 발생하여 로마로 건너왔습니다. 가령, 같은 하늘의 신이지만 제우스 신이 주피터 신으로 바뀌는 것처럼 말입니다. 이렇게 변형이 되거나 수용이 돼서 그리스 로마 신화를 이루었는데, 이 그리스 로마 신화를 합쳐서 안티케antike라는 말을 씁니다. 사전 상으로는 '고대문화'로 풀이되는데, 그리스 로마 신화를 바탕으로 둔 안티케 문화의 영향 안에서 이루어진 일련의 문화 현상을 헬레니즘 문화라고 합니다. 헬레니즘은 헬라족과 희랍신화를 대표하는 여신, 헬레나에서 나온 말입니다. 헬레니즘 문화는 아직도 현재 진행형입니다.

　반면에 이스라엘을 중심으로 히브리족이 형성한 기독교 문화를 '헤브라이즘'이라 하지요. 그러므로 서양문화의 양대 축을 이루고 있는 것이 헬레니즘과 헤브라이즘입니다. 이 둘은 지금까지도 이어지고 있습니다. 세계문화 전반에 힌두, 불교, 이슬람 등 여러 문화권이 있지만, 이른바 선진 문화권을 형성하고 있는 것은 두 문화입니다.

책 제목이 『신화 속 괴물』이지만, 사실 신화 자체가 괴물입니다. 제우스 신부터 괴물이지요. 그렇기 때문에 헤브라이즘과 헬레니즘은 앙숙관계라 볼 수 있습니다. 하지만 둘 다 이 세상의 발생에 관한 문제를 다루고 있습니다. 제우스 신은 태양의 불을 가져다가 불의 형상으로 인간을 생겨나게 했고, 성경에서는 하나님이 흙으로 빚은 형상의 코에 입김을 불어넣어 사람을 만들지요. 여기서 인간의 발생학에 대한 두 가지 차이점이 있습니다. 성경에 보면 창세기 1장 1절에 하나님이 수면 위를 운행하사 궁창 위의 물과 궁창 아래의 물로 나누었다고 언급하는 것으로 보아 제일 먼저 있었던 것은 물이었음을 알 수 있습니다. 때문에 기독교를 물의 종교라고 할 수 있고, 그리스 로마 신화를 불의 종교라 할 수 있지요.

물은 생명의 원조입니다. 그에 반해 불은 에로스적인 원리, 마찰의 원리입니다. 인간은 하나님의 자식이라는 것이 기독교의 인간관이고, 인간이 섹스의 자식이라는 것은 헬레니즘의 인간관입니다. 여기서 물과 불이 첨예하게 대립하는 것을 볼 수 있습니다. 정신사적인 측면에서 볼 때 물은 하나님의 속성, 불은 인간의 속성이라 봅니다. 그리고 신화가 지배하는 사회의 문화를 다른 말로는 신비주의 사회, 신비주의 문화라고 합니다. 기독교적인 유일신이 지배하는 문화는 신 중심적인 문화라 말합니다.

신화 속 괴물은 의인화되어 있습니다. 질투의 신, 바다의 신, 망각의 신 등 있을 수 있는 인간형의 모든 표상이 다 신격화되어 있는 것입니다. 그들은 모두 인간적인 인격을 가진 주체로 행세합니다. 예를 들면, 질투가 하나의 인간인 것처럼 행세합니다. 인간적이라는 것은 그들 모두의 형성과 생성이 섹스의 원리로 되어 있다는 말입니다. 에로스적인 논리이지요. 그렇기에 그리스 신화에서 섹스는 하나님의 천지창조와 맞물리는 부분입니다. 그것이 가장 아름다운 출발이니까요. 그래서 다른 신들의 불화나 싸움, 파괴는 그런 아름다움이 결핍되거나 파괴되었을 때 일어나는 현상으로 봅니다. 그리스 신화의 신들은 인간의 욕망을 반영하고 있습니다. 프로이트적으로 무의식의 발현인 것이지요. 탈을 쓰면 모든 나쁜 행위까지 할 수 있는 것처럼 말입니다. 그렇기 때문에 그리스 신화에 나오는 많은 신들은 괴물입니다.

『신화 속 괴물』은 인간이 내보이기 싫은 부분까지 보여주고 있습니다. 그럼 어떤 괴물이 있는지 보겠습니다.

> 무시무시한 이빨을 조심하세요.
> 수많은 머리를 지켜보세요.
> 눈이 모두 몇 개인지 세어 보세요.
> 얼마나 힘이 셀지 상상해 보세요.[79]

이 말들은 우리의 일상적인 의식에서는 별로 생각되지 않거나 이야기되지 않는 것들입니다. 그렇기에 재미있지요. 인간은 잠재되어 있는 무의식 속에서 거짓을 그리워하고 좋아합니다. 신화라는 것은 거대한 거짓말이지요. 때문에 인간의 무의식에 대한 표상의 원천이 되는 것입니다.

> 눈이 백 개인 괴물.
> 잠을 잘 때에도 눈을 절대로
> 둘 이상 감지 않았다는군요.
> 헤르메스는 피리로
> 자장가를 불어 아르고스를
> 잠재웠어요. 그런 뒤 단칼에 댕강,
> 목을 잘랐지요.
> 아르고스가 죽자
> 헤라 여신이 그 눈들을
> 공작 꼬리 깃털에
> 붙였답니다.[80]

  상당히 구체적인 묘사입니다. 때문에 거짓말인데도 사실처럼 느껴지는 것입니다.
  한국의 샤머니즘은 똑같은 신비주의이고 다신론임에도 불구하고 상상력이 부족합니다. 우리나라의 경우에는 염력이 있어 신을 불러내는 샤먼(무녀)과 같은 제사장에게 권력이 집중되어 있습니다. 이에 반해 그리스 신화는 공동체의 장이 제사장을 합니다. 그리고 신들은 이미 고정되어 있어서 누가 불러내는 존재가 아닌 공공의 신입니다. 똑같이 다신교임에도 불구하고 우리나라 샤머니즘은 범신론이라 부르고 그리스 신화는 그냥 다신입니다.

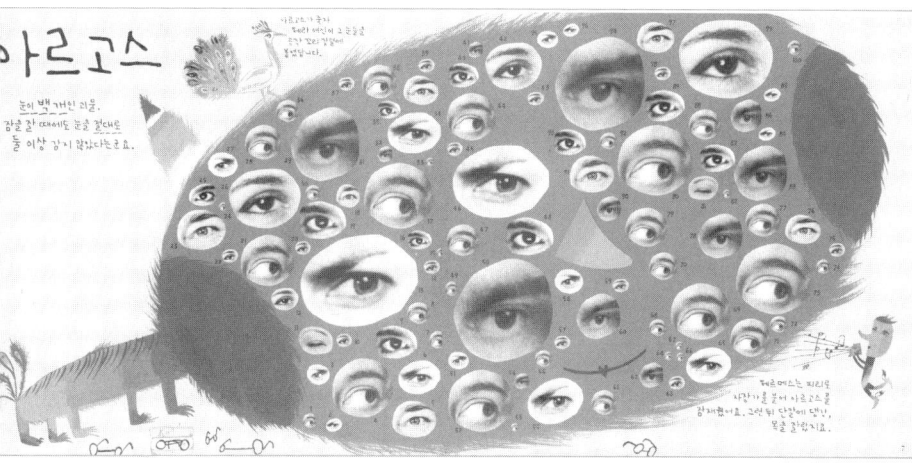

10-1 『신화 속 괴물』
"아르고스가 죽자 헤라 여신이 그 눈들을 공작 꼬리 깃털에 붙였답니다."

하지만 우리나라에는 상징화, 상형화하는 습관이 거의 없습니다. 샤머니즘은 원래 아주 세속적으로 자기와 자기 가족의 방어를 위하는 보신 종교였습니다. 그렇기 때문에 동네에 도적과 병을 막기 위해 장승을 세워 놓았던 것이지요.

상상력은 상징체계를 만들어 냅니다. 뮤즈가 음악, 시의 신인 것처럼 말입니다. 페가소스가 말이지만 새처럼 날개가 달린 것처럼 말입니다.

사티로스
반은 남자, 반은 염소.
술의 신 디오니소스를
따라다니는 괴물입니다.
산과 숲에서 노래하고

놀면서 신나게 살았지요.[81]

그리스 신화뿐만 아니라 서양 사회에서 오랜 상징적인 두 축을 이루고 있는 것은 양과 염소입니다. 성경에서도 그렇습니다. 생긴 게 비슷하면서도 양은 좋은 이미지, 염소는 양을 닮은 가짜 이미지로 취급됩니다.

히드라
머리 아홉 달린 괴물.
그 중에는
절대 안 죽는 머리도 있었어요.
머리 하나를 자르면
거기서 머리가 두 개
솟아났대요![82]

이런 괴물을 보면 그리스인들의 사고방식과 상상력의 구조 속에서는 머리에 대한 중요성, 사상, 생각, 예술, 철학에 대한 다양한 욕구가 있었음을 알 수 있습니다. 이런 신화들은 지금도 우리의 상상력을 자극하고, 그것이 변용이든 수용이든 얼마든지 문학의 소재가 될 수 있습니다.
이번에는 『나는 우주 어디에 있는 걸까?』를 보도록 하겠습니다. 이 책은 우주적 상상력에 대한 이야기입니다.

10-2 「신화 속 괴물」 "산과 숲에서 노래하고 놀면서 신나게 살았지요."

"지구라는 행성은 우리에게 알려진 아홉 개의 행성 가운데 하나인데, 이 행성들은 우리가 태양이라고 부르는 별을 돌고 있어요. 지구는 수성과 금성에 이어 태양에서 세 번째로 가까운 행성인데요, 지구와 태양 사이의 거리는 약 1억 5천만 킬로미터예요. 사실 태양의 빛이 지구까지 오는 데는 8분이 걸려요. 이건 상당히 먼 거리처럼 느껴지지만, 태양에서 태양계의 아홉 번째 행성인 명왕성까지는 60억 킬로미터나 되는걸요. 태양의 빛이 그곳까지 가는 데는 대략 5시간 30분 걸리고요."[83]

10-3 『나는 우주 어디에 있는걸까?』 "태양계 안에 있는……"

리얼한 현실 세계에서 남매는 강의를 하고 있군요.

   우주 안에 있는……
   처녀자리 초대형 성단 안에 있는……
   광역 은하계 성단 안에 있는……
   은하계 성단의 날개 중 하나인……
   오리온 성운 안에 있는…
   광역 태양계 안에 있는……
   태양계 안에 있는……
   지구의 남반구에 있는 오스트레일리아의 검브리지에 우리 집이 있단 말예요……**84**

아주 구체적으로 이야기하고 있습니다. 큰 부분에서부터 자신의 집을 설명하고 있는 것입니다. 천문학적인 지식과 우주적인 상상력은 사실 서로 관련이 있습니다. 우리가 이 책의 화자인 남매, 로지와 헨리와 같은 생각을 하면서 사는 경우는 지극히 드뭅니다. 일반적으로는 어떤 단위 이상 넘어가면 상상이 포기되고 막연해집니다. 허무해지는 것입니다. 좋은 의미에서든 나쁜 의미에서든 신비화되어 버립니다. 그런데 여기서는 자꾸만 구체화되고 있습니다. 구체적으로 그렇게 돌고 돌아서 지구 남반구에 있는 오스트레일리아의 검브리지에 자신의 집이 있다고 설명하는 것입니다.

『나는 우주 어디에 있는 걸까?』『신화 속 괴물』, 두 그림책이 왜 하나의 카테고리로 묶일 수 있는지 생각해 봅시다. 다시 한 번 반복하자면『신화 속 괴물』은 신화 자체가 괴물입니다. 이것은 더럽고 악질적이고 모든 꿈이 악몽일 수밖에 없는 저 밑바닥 무의식의 상징체계를 말해줍니다. 반대로『나는 우주 어디에 있는 걸까?』는 밑바닥이 아니라 그 위에 있는 것들도 신비주의적으로 신화화된 막연한 공간이 아니라 구체적인 지식들과 결부되어 있음을 보여줍니다.『나는 우주 어디에 있는 걸까?』는 지식을 주입시키려는 의도보다는 구체적인 지식과 더불어서 상상력을 확장시키려는 의도를 갖고 있는 것으로 보입니다. 이런 상상력은 신화 속 괴물에 대한 상상력과 동떨어져 있는 것이 아닙니다. 신화 속 괴물을 상상할 수 있을 때 우리는 우주적 지식도 탐구할 수 있습니다. 상상력이 없으면 지식도 없는 것입니다.

11 기독교와 자연섭리,
『하나님이 너를 주셨단다』『무슨 일이든 다 때가 있다』

앞 장에서 그림책에 나타난 신화를 보면서 신화는 헬레니즘의 세계를 말하는 것이고 헬레니즘을 이해하기 위해서는 헬레니즘과 오늘날 세계문화의 양대 축으로 영향을 미쳐 온 헤브라이즘, 즉 기독교 문화를 살펴보아야 함을 알았습니다. 헬레니즘과 헤브라이즘은 함께 살펴야 온전하고 올바른 이해를 얻을 수 있습니다.

『하나님이 너를 주셨단다』의 주인공은 곰으로 묘사되어 있습니다만 사람으로 바꿔도 될 듯합니다.

"하나님에게서 왔지."
엄마곰이 대답했어요.
"전에는 아빠하고 엄마하고 둘만 있었어.
우린 아기가 갖고 싶었단다."
"그래서 내가 왔어요?"
아기곰이 이불로 입을 가리고
조그만 소리로 물었어요.
"그럼, 귀여운 우리 아가.

11-1 『하느님이 너를 주셨단다』 "그래서 내가 왔어요."

하나님이 널 우리에게 주신 거야."[85]

독일의 철학자 위르겐 하버마스의 책 중에 『이해와 설명』이 있습니다. 그 책에 따르면, 우리는 어떤 현상이나 사건에 대해서 설명을 할 수는 있지만, 이해는 다른 차원의 문제입니다. 우리가 그렇게 배웠기 때문에 그러려니 하는 것이지 실제로 이해하느냐하는 것입니다. 정자와 난자가 만났기 때문에 생명이 탄생한다, 아이를 낳는다고 설명할 수는 있지만, 이를 이해할 수 있냐는 것이지요. 과학은 불안전하다는 전제를 생각해 보면 앞으로 어떤 또 다른 설명의 방식이, 그로 인해 어떠한 사회 현상이 생겨날지 어떻게 알겠습니까. 때문에 우리가 자연스럽게 설명할 수 있고 이해했다고 스스로 믿고 있는 일들은, 즉 인간의 머리를 통해서 진리·진실이라고 적어 놓은 것들은 결국은 사실이 아닐 수도 있다는 것입니다. 근본적인 회의가 필요하다는 말이지요.

'하느님이 널 우리에게 주신 거야'라는 사고는 동정녀 마리아에게서 예수가 태어났다는 믿음과 비슷합니다. 역사를 기록한 시대 이후는 설명하기 어렵지 않습니다. 우리가 알고 있는 경험적인 지식에 의해 기록되어 있기 때문입니다. 하지만 선사시대 이전, 신화시대 이전 역사적인 검증이 되어 있지 않은 부분에 대해 이야기할 때는 이견이 많습니다. 눈에 보이는 사건으로서의 인간의 생명, 즉 아버지와 어머니가 결혼을 해서 태어난 자식임에도 불구하고 너는 하나님이 주신 것이다, 하나님에게서 왔다고 이야기하는 것은 '거대한 믿음'입니다. 거대한 믿음이란 보이지 않는 선사 훨씬 이전 시대와 지금의 실존을 연결해서 보는 믿음입니다. 그것은 실증적으로 검증이 가능한 부분이 아닙니다. 그렇기에 헬레니즘과 헤브라이즘은 다른 것입니다. 헬레니즘은 신화라 하지만 신화는 언제나 실존하는, 오늘에 현존하는 인간의 무의식의 반영이자 표상이지요. 그러나 헤브라이즘, 즉 기독교는 하나님이라는 거대한 상像과 예수라는 역사적인 인물을 연결시켜서 인간과 세상의 발생학을 설명하는 태도를 취하고 있습니다. 어느 쪽을 어떻게 믿느냐 하는 것은 기독교적인 용어로 표현하면 성령의 작용이고, 헬레니즘으로 가면 자기의 지식과 경험의 반영입니다.

그러나 헬레니즘의 분위기와 헤브라이즘의 분위기는 어느 한쪽만으로 치우쳐 존재하지는 않습니다. 그것은 유럽 역사가 보여주고 있습니다. 유럽 역사는 헬레니즘과 헤브라이즘의 싸움입니다. 대표적으로 괴테의 『파우스트』에서 그 싸움의 현장을 볼 수 있지요.

헬레니즘과 헤브라이즘 외에 유럽 각 나라마다 다른 믿음들이 있었는데, 대부분이 헬레니즘과 비슷한 신비주의였습니다. 독일의 경우 게르만 신비주의가 있었습니다. 헬레니즘의 신들이 있듯이 게르만 신비주의의 신들이 있습니다. 유일신인 기독교와 이슬람 등 신중심주의를 뺀 다른 곳들은 대부분이 신비주의이며 다신교입니다. 그러나 그리스 로마 신비주의는 위계질서가 있어서 체계를 이루고 있는 반면, 우리나라의 샤머니즘은 체계가 없지요. 아주 즉흥적이고 즉물적이고 즉시적입니다.

앞 장에서 말한 것처럼 헬레니즘은 불의 문화입니다. 그렇기 때문에 '섹스'가 중요하지요. 역사 이후의 논리는 실증적인 과학이고 현실이기에 헬레니즘적인 논리에 상당히 맞닿아 있습니다. 때문에 역사 이전이 문제가 되는 것입니다. 발생학적 측면, 즉 어디서부터 인간이 발원했는지에 대한 것 말입니다. 이 부분에 대해 한국문화는 다소 소홀합니다. 그렇기에 샤먼에 의탁하기를 좋아하는 것입니다.

"네가 내 뱃속에서 자라고 있다는 걸 알고
얼마나 기뻤는지 모른단다!
천사들도 우리를 축하해 줬지!"

"나 때문에요?" 아기곰이 물었어요.

"그럼, 귀여운 우리 아가.

하나님이 널 우리에게 주셨으니까."[86]

  문학작품의 감동은 공감에서 옵니다. 공감의 질적인 깊이, 요인은 그렇게 간단한 문제가 아닙니다. 사무엘 베케트의 『고도를 기다리며』가 '나'로 하여금 공감이 아닌 소외감을 느끼게 하지만, 이 또한 공감입니다. 근래의 문학작품들은 단순히 감각적인 차원에서 가만히 있는 우리를 자꾸 자극시키고 생각하게 합니다. 수용의 방법과 경로가 직선적이 아니라 삐딱하고 우회적이라는 말이지요. 오늘날과 같은 인터넷 지식 사회에서는 더욱 그렇게 변하고 있습니다. 때문에 우리가 공감을 한다, 감동을 느낀다는 것도 그렇게 간단하지 않습니다.

  원시적인 샤머니즘 수준에 머물지 않고 하나님이라는 보이지 않는 세계, 그 전체를 통괄하는 보편적 매개자를 놓았을 때 우리의 마음은 초월을 할 수 있습니다. 초월은 모든 것을 넘어섭니다. 그것이 바로 신이고, 감동이지요. 서양과 우리나라의 근본적인 발상의 차이는 초월성에 있습니다. 초월성이 있으면 역동적이 됩니다. 죽음까지도 껴안기 때문입니다. 처녀가 아이를 낳고 예수가 죽었다가 살아나기도 한다는 것은 굉장한 상상력의 산물입니다. 그에 비해 우리나라의 상상력은 평평한 게 아닌가 싶습니다.

  『무슨 일이든 다 때가 있다』는 구약의 전도서의 내용을 따온 것입니다. 전도서는 세속적인 처세에 대한 부분을 다루고 있습니다. 성경에서는 낯선 부분이기도 하지요.

11-2 『무슨 일이든 다 때가 있다』 "가슴 깊이 슬퍼할 때가 있으면 기뻐 춤출 때가 있다."

가슴 깊이 슬퍼할 때가 있으면

기뻐 춤출 때가 있다.**87**

    동양의 『채근담』이나 『사서삼경』 등은 처세에 대한 책입니다. 이 책들은 전도서에 대한 내용과 그림을 다루고 있는 『무슨 일이든 다 때가 있다』와 큰 차이가 있습니다. 공자, 노자, 장자 등 동양의 성현들은 인간적인 이데올로기, 도덕적인 이데올로기를 다루고 있습니다. 그것에는 주체가 분명합니다. 주체가 바로 '나' 입니다. 공자 왈 할 때 공자가 주체가 되는 것이지요. 그러므로 인간이 무엇을 마치 진리인 것처럼 이야기하는 인간적인 이데올로기가 특징입니다. 그런데 『무슨 일이든 다 때가 있다』는 주체가 없습니다. 공자 왈, 노자 왈 할 때처럼 '누구에 의해서' 가 없는 것입니다. 무엇을 어떻게 하라는 행위에 대한 촉구나 금지도 없습니다. 이것이 전도서의 특징입니다. 무엇을 어떻게 하라, 또는 하지 말라는 특정한 주체의 사상을 강조하는 것이 아니라 이미 이 세상이 돌아가고 있는 이치, 종교적인 용어로는 섭리를 부각시키고 있는 것입니다. 부각시킨다는 것은 그저 드러내 보여주는 것이지요. 이것이 기독교 사상의 큰 특징 중 하나입니다.

성경을 보면 신약으로 넘어가면서 예수라는 주체가 등장합니다. 하지만 전도서에서는 이미 주어져 있는 현상적인 섭리를 부각시킬 뿐입니다. 이것이 헤브라이즘 문화의 일반적인 특징이고, 헬레니즘과 헤브라이즘이 혼재하고 공존하며 싸워 오면서 서양문화의 근간을 이루게 한 것입니다. 앞서 말했던 노발리스의 『파란꽃』에서 보면 시인이란 자연을 드러내는 사람이라고 말하고 있습니다. 바다는 잔잔하게 평화로울 때가 있고 포효하면서 분노하듯 들끓을 때도 있다며 그 양면이 다 바다라는 것을 이야기하지요. 자연은 총체적인 것이라는 이야기입니다. 때문에 공자, 노자의 이데올로기와 채근담의 이야기는 시간의 개념에 따른 총체적이고 역동적이고 입체적인 인식이 부족하다는 것을 알 수 있습니다. 모든 것을 정적으로, 평면적으로만 바라보고 있기 때문입니다.

하나님이 물이 있어서 뭍을 만들고 또 빛을 만든 후 시간을 만들었습니다. 저녁이 밤이 되고 또 아침이 되는 것입니다. 창세기 1장 1절부터가 대립적 구도로 된 것처럼 『무슨 일이든 다 때가 있다』도 대립적인 구도로 되어 있습니다. 그러나 여기서 대립적인 구도는 서로 나뉘어 싸운다는 의미가 아닙니다. 즉, 두 가지가 별개의 것으로 나뉘어 있는 것이 아니라 때에 따라서 나뉘는 것이라는 말입니다.

12 전래동화와 신비주의
『당나귀 공주』『룸펠슈틸츠헨』

이 장에서는 전래동화 중에서 가장 빈번하게 나오고 우리가 가장 자주 만나는, 어떤 의미에서는 전형적인 이야기들을 살펴보고자 합니다. 먼저 『당나귀 공주』를 보도록 하지요.

이 책 표지를 넘기면 바로 성 그림이 나옵니다. 성은 전래동화에서 가장 빈번하게 등장하는 공간입니다. 전래동화의 중요한 매개체 중 하나이지요. 서양의 성은 성곽, 성벽이 있고 또 성채가 있습니다. 성채 안에는 왕족과 귀족들의 별장뿐 아니라 전쟁 도구도 있습니다. 성은 왕족, 귀족들의 수준 높은 생활을 연상케 하는 것입니다. 이것은 완벽하고 튼튼한 하나의 세계를 내보이는 장치입니다. 그러나 그 세계는 언제나 도전을 받습니다. 이것이 전래동화의 구도입니다.

> 그러나 꽃병이 바람에 넘어지듯 행복도 한 순간에 부서지곤 하지요.
> 어느 날 아름다운 왕비에게 불행이 닥쳐왔습니다.
> 왕비는 열이 심하게 나서 하루 종일 침대에서 일어날 수가 없었어요.[88]

변사투의 설명, 문장이 보입니다. 바로 '그러나 꽃병이 바람에 넘어

12-1 『당나귀 공주』

지듯 행복도 한 순간에 부서지곤 하지요.' 입니다.

전래동화는 다른 말로 이야기하면 '옛날이야기' 입니다. 노인들로부터, 즉 옛날 사람으로부터 듣는 이야기가 옛날이야기인데, 현대에는 이런 문화가 점점 사라지고 있습니다. 전래동화의 중요한 특징은 교훈적이라는 것입니다. 이 교훈적 내용은 변사투의 나레이션 방식으로 많이 처리됩니다. 부족한 것이라고는 없는 왕실에서 왕비가 아파서 누워 있다는 것은 전래동화의 구도를 따르고 있음을 알 수 있는 한 부분입니다.

왕비는 이제 사랑하는 이들과 헤어질 때가 된 것을 알았어요. 그래서 왕을 부른 다음, 마지막 기운을 모아 이렇게 말했어요.
"왕이시여. 내 얼굴이 이렇게 창백하니 당신도 내가 떠날 때가 된 것을 알겠지요. 이제 나는 당신과 함께 행복하게 살았던 이 땅을 떠납니다. 떠나기 전에 마지막으로 부탁이 하나 있어요. 언젠가는 당신도 나를 잃은 슬픔에서 벗어나 새 왕비를 맞아야겠다는 생각이 들 거예요. 그 날이 오면 반드시 나보다 더 아름답고, 지혜로운 여자하고 결혼하겠다고 약속해 주세요."
왕은 눈물을 흘리며 왕비의 부탁을 거절했어요. 설마 왕비가 이 세상을 떠나더라도 마지막 숨을 거두는 그 순간까지, 오직 왕비만을 사랑하겠다고 했지요. 그러나 왕비는 거듭거듭 약속을 해달라고 했어요. 왕비의 간절한 부탁에 왕은 결국 약속을 해주었어요. 그러자 왕비는 비로소 왕의 품에 안긴 채 편안히 숨을 거두었답니다.[89]

왕은 차츰 인격이, 상황이, 행복했던 모든 것들이 무너져 가고 있지만, 왕비는 비록 몸은 죽어가지만 동시에 하늘로 올라가고 있습니다. 이런 대비는 작자 미상의 모든 이야기들이 원초적으로 갖고 있는 구도입니다. 이런 구도를 가리켜 신화비평적인 관점에서는 "이것이 신화적인 모습이다"라고 말합니다. 즉, 이것이 인류가 갖고 있는 원초적인 동작이며 의식이라는 것입니다. 아기가 태어나면 씻기고, 먹이고, 이름을 붙여주는 것, 사람이 죽으면 장례를 치러주고 함께 슬픔을 나누는 것. 이렇게 습득이나 훈련이 되지 않았음에도 불구하고 이루어지는 생각이나 동작들을 신화적인 것이라 말하는 것이지요. 역사적인 것에 앞서는 인간의 원초적인 모습인 것입니다. 전래동화도 이런 대비의 구도를 갖고 있습니다.

    그 소식을 들은 공주는 겁에 질려 일곱 낮 일곱 밤 동안 울음을 그칠 수가 없었어요. 공주는 이 끔찍한 일에 어떻게 해야 할지 몰라 요정 릴라를 찾아갔어요.
    요정 릴라는 깊은 숲 속, 산호와 대리석으로 만들어진 궁전에 살고 있었지요. 요정은 갑자기 찾아온 공주를 보고도 놀라지 않았어요.[90]

여기에는 전래동화가 갖고 있는 중요한 특징이 많이 나오고 있습니다. 일곱 낮 일곱 밤이라는 공식적이면서 상징적인 표현, 요정의 도움, 숲 속에 있는 산골 성이라는 대비의 구도, 무슨 일이 일어날지 모두 아는 예견의 힘 등등입니다. 그 중 하나가 '약속'의 문제입니다. 모든 옛날이야기에는 약속이 있습니다. 이 세상이 생기고 두 사람 이상의 사회가 이루어지면서 약속은 반드시 발생하게 되지요. 그리고 이 약속 때문에 문제들이 생겨납니다. 여기서는 왕과 왕비와의 약속인데, 약속의 구체적인 실행 속에서 아버지와 딸의 결혼이라는 문제가 생긴 것입니다. 바로 근친상간의 문제이지요. 이 문제는 옛날이야기에 제법 자주 나오는 문제입니다. 동서양을 막론하고 그렇습니다. 서양 문화에 있어서 지금까지 살펴보았던 것처럼 그리스 로마 신화를 중심으로 해서 이루어지는 이야기들과 성경을 중심으로 하여 이루어지는 이야기들 어디에든 다 있습니다. 우리나라의 샤머니즘 문화 속에도 존재하지요. 이 근친상간의 문제가 어떻게 해결되어 가는지 살펴봅시다.

> 공주는 왕에게 무서운 부탁을 해야 한다는 생각에 온몸을 부들부들 떨면서 궁궐로 돌아왔어요. 공주의 말을 들은 왕은 깊은 고민에 빠졌지만 마침내 당나귀를 죽이라는 명령을 내렸습니다. 왕이 그토록 소중히 여기던 당나귀의 가죽을 보자 공주는 엄청난 두려움에 휩싸여 사시나무처럼 덜덜 떨기만 했지요.[91]

왕이 그렇게 아끼던 당나귀까지 죽이면서 공주와 결혼하려고 하는 이유는 왕비와의 약속 때문입니다. 약속은 전래동화를 재미있게 합니다. 사건의 발단이 거기에 있기 때문이지요. 이것은 신화적인 사건, 인간의 원초적인 생각이나 행동을 반영합니다. 시간과 더불어 모든 것은 변하기 마련이기에 사람은 약속 때문에 괴로운 상황에 처하게 됩니다. 약속이 비극을 가져오는 것이지요. 약속을 이루기 위해서 또는 피하기 위해서는 반드시 주어지는 과제들이 있기 때문입니다. 이 과제들은 대체로 인간 세상에서는 이루어질 수 없는 것들입니다. 그래서 '신비'하게 이루어집니다. 요정이 나타나고 왕이 만들 수 없는 옷을 만들어내는 것을 보면 알 수 있습니다.

공주는 조금 불안한 마음으로 아버지에게 다가갔어요. 하지만 아버지는 원래의 다정한 아버지로 돌아와 있었답니다. 공주의 눈에서 기쁨의 눈물이 쏟아졌어요. 그리하여 공주는 오랫동안 지녀 온 슬픔에서 벗어나 스스로 찾아낸 사랑하는 사람과 결혼할 수 있게 되었답니다.[92]

공주는 결국 당나귀의 금 똥, 하늘빛 달빛 햇빛의 옷들, 그리고 반지를 매개로 하여 왕자와 만납니다. 결국에는 아버지와 어머니, 왕과 왕비의 약속으로 출발된 이 전래동화의 구조는 그들의 약속이 번외로 나가버린 결말로 끝을 맺습니다. 그 약속이 모티브가 되어 약속의 피해자였던 공주가 오히려 행복을 찾는, 이런 반전의 구도로 나가고 있습니다. 만약에 왕비와 왕 사이에 이런 약속이 없었다면 공주에게 있었던 사건들은 일어날 수 없었을 것이고 의미도 없었겠지요.

이 이야기에는 약속 현상이 나타납니다. 그리고 상황으로서 주목하게 되는 것은 근친상간의 문제입니다. 서양의 경우에는 이 두 가지가 전래동화, 옛날이야기, 전설, 영웅담에 빈번하게 나타납니다. 왕족 또는 귀족 사회에서 일어나는 약속이 비극, 또는 그 반전으로서의 행복을 가져오는 구도를 갖고 있는 것이지요. 그들 사이에 일어나는 모티브는 약속이지만 사건들은 근친상간과 결부되는 것들이 아주 많다는 것입니다. 이것은 기독교에서 이야기하는 원죄의식과도 관계가 많습니다.

12-2 『룸펠슈틸츠헨』

 이번에는 『룸펠슈틸츠헨』을 보도록 하겠습니다. 이 책은 19세기 초 그림 형제의 이야기입니다. 그림 형제는 대부분의 전래동화를 집대성한 후 자기 식으로 정리해 놓았지요. 익히 알려져 있는 『헨젤과 그레텔』 『백설공주』 『미녀와 야수』 『브레멘 음악대』 등이 그림 형제가 수집한 전설, 민담들입니다.

 왕이 가고 나자, 작은 남자가 세 번째로 나타나서 묻는 거야.
 "아가씨 대신에 내가 한 번 더 황금 실을 뽑아 준다면, 나한테 무엇을 주시겠어요?"
 "이젠 줄 게 하나도 없어요."
 소녀가 대답하자 작은 남자가 말했어.
 "그럼 약속해 줘요. 아가씨가 왕비가 돼서 첫아기를 낳으면, 그 아이를 나에게 준다고 말이에요."
 방앗간집 딸은 아이가 없었어. 어떻게 그런 약속을 할 수 있겠어?

하지만 소녀는 생각했지, 앞으로 벌어질 일은 아무도 모르는 거라고. 또 목숨을 지키려면 다른 방법이 없다고 생각했어. 그래서 소녀는 그러겠다고 약속했지.

그러자 작은 남자는 다시 한 번 짚을 자아서 황금 실을 뽑아 냈단다.[93]

이 책은 독일성, 게르만 신비주의가 잘 드러나 있는 전래동화입니다. 황금실을 뽑는 곳에 들어가 결혼해서 아기가 생기면 그때 아이를 달라는 약속을 하는 모습이나 사흘을 줄 테니 이름을 맞춰보라는 것, 그리고 작은 남자가 자신의 이름을 맞혔다고 어디론가 사라져버리는 것이 그렇습니다. 우리나라의 옛날이야기에서는 전혀 찾아볼 수 없는 부분입니다.

'룸펠'은 허섭스레기를 의미하고, '-헨'은 축소 어미로 작다는 것을 의미합니다. '슈틸'은 '조용한, 고요한, 가만히 있는'을 의미하는 형용사입니다.

결말 부분에서 룸펠슈틸츠헨이 어떻게 됐는지 모른다는 점에서 사람들이 재미를 느낄 수 있을까요? 여기에는 게르만 신비주의의 본체가 들어 있습니다. 즉, 『룸펠슈틸츠헨』은 게르만 신비주의의 텍스트가 되고 있습니다. 성경에서 하나님은 '누구라고 말할 수 없는 그 누구'입니다. 신학에서는 하나님의 정체성이 가장 먼저 본격적으로 이야기되고 있습니다. 그래서 '이름의 문제'라는 것이 대단히 중요한 것입니다.

헬레니즘 문화에서도, 기독교 문화에서도 이름과 정체성에 대한 탐구, 그 욕망이 기둥을 이루고 있는데 동양의 샤머니즘에는 그것이 없습니다. 텍스트가 없이 그때그때 사람에 따라 전수가 되기 때문에 인간문화재가 존재합니다. 그런데 게르만 신비주의는 그 구조에 그리스 로마 신화와 기독교 문화가 섞여 있습니다.

처음에 황금실을 만드는 부분을 보십시오. 사람이 황금실을 만들 수는 없지요. 이때 작은 남자가 들어와 첫 아들, 왕자를 내게 바치라고 합니다. 이것은 신이 하는 말이나 다름없습니다. 그런 자만이 황금실을 짜는 것처럼, 신적인 권위와 영향력을 행할 수 있는 것입니다. 아브라함에게 이삭을 하나님께 바치라는 것처럼 말이지요.

그렇다면 자신의 이름을 알아오라는 것은 무엇을 의미하는 것일까요? 제물을 바치지 않아도 좋으니, 바치지 않으려면 '나'의 존재에 대해 알라는 것입니다. 신적인 권위에 대한, 정체성에 대한 질문을 하고 있는 것이지요. 그런데 여기서 사람이 '룸펠슈틸츠헨'이라고 그 질문에 대한 답을 합니다. 이것은 기독교에서는 볼 수 없는 일입니다. 신은 설명되는 존재가 아니며 이와 관련된 권위도 마찬가지입니다. 『룸펠슈틸츠헨』에서는 자신의 이름을 아는 자를 사탄으로 묘사합니다. 그리고 룸펠슈틸츠헨은 어디에 있는지, 언제 어떻게 되는지 알 수 없습니다.

『룸펠슈틸츠헨』은 구조가 귀납적으로 되어 있습니다. 모든 옛날이야기는 연역적으로 되어 있는데 반해 말입니다. 보통은 착하고 예쁜 사람이 있다고 규정해 놓고, 그렇기 때문에 일어나는 일들을 풀어가지요. 하지만 『룸펠슈틸츠헨』은 그 반대, 귀납적인 방법으로 누군지도 어디, 어떤 것인지도 모르고 결말에 가서야 결론이 나게 되는 방법입니다. 표면적으로는 아름다운 딸이 있었다고 되어 있지만, 룸펠슈틸츠헨이 등장하여 무언가를 해주겠다며 이야기를 이끌어 나가지요. 이것이 독일 신비주의의 모습입니다.

　신비주의는 기독교의 유일신처럼 분명하지 않고 누가 누구인지 알 수가 없습니다. 그리스 로마신 화에 바탕을 둔 신들은 자기들끼리 이름이 있고 계급이 있으며 관계가 있습니다. 저는 룸펠슈틸츠헨이 어떻게 됐는지 아무도 모른다는 결말에서 만약 이야기가 더 진행이 되었다면 독일 신비주의적인 신을 이야기하고 있음이 확실히 드러났을 것이라 생각합니다.

　서양의 전래동화는 절반 이상이 독일 것이며, 또 그 절반 이상이 그림 형제가 모은 것들입니다. 그렇기에 대개 독일 신비주의의 영향을 받은 작품들이 많습니다. 그리고 그 신비주의의 토양 속에서 전래동화가 오늘의 어린이 문학 속에 연결되어 있습니다.

　불교에서는 이름이 중시되지 않습니다. 이름에서 다 벗어나면 해탈에 이르러 보살이 되지요. 하지만 기독교에서는 이름을 요구합니다. 이것은 그리스 로마 문화, 독일, 프랑스 등 각종 신비주의의 민담, 전설 속에 있습니다. 『룸펠슈틸츠헨』에서 결혼도 하지 않은 여자더러 첫 아이를 달라는 요구를 보면 황금은 중요하지 않다는 생각이 드러납니다. 중요한 것은 이름이지요. 이름을 맞추자 악마가 제 정체를 드러내지 않습니까? 이것은 넓은 의미의 신학적, 정신사적 배경을 보여주는 모티프입니다. 이로써 전래동화, 즉 옛날이야기라는 것은 그 나라의 종교적인 배경, 정신사적인 배경과 관계가 있음을 알 수 있습니다.

13 명작과 그림책 『로미오와 줄리엣』

제 생각에는 문학에서 이야기되는 세계적인 작가들의 작품들을 대부분 그림책으로 옮길 수 있을 것 같습니다. 이 장에서는 그 작가들의 작품 중 셰익스피어의 『로미오와 줄리엣』을 보고자 합니다.

셰익스피어의 위대함은 17세기 당시, 계몽주의 시대부터 이미 알려져 있었습니다. 셰익스피어가 대단한 작가라고 하는 것에는 두 가지 이유가 있습니다. 첫 번째는 그가 최초로 작가다운 작가였기 때문입니다. 셰익스피어는 다작을 한 작가입니다. 중세에서 근세로 넘어온 이후로 이렇다 할 작가가 없었는데 셰익스피어가 등장한 것이지요. 두 번째 이유는 영국에는 옛이야기가 적다는 데서 살펴볼 수 있습니다. 그래서 셰익스피어는 외국에서 소재를 가져와 이야기를 썼습니다. 문학은 소재가 중요한 것이 아니라 어떻게 쓰느냐가 중요하다는 것을 보여준 사람이 셰익스피어라는 것이지요.

셰익스피어의 대부분의 이야기는 대단히 교훈적입니다. 하지만 작품에서 교훈적인 냄새가 나지는 않습니다. 이것이 가장 큰 특징입니다. 교훈을 교묘하게 숨긴 것이지요. 이러한 셰익스피어의 대작들을 브루스 코빌이라는 그림책 작가가 다시 썼습니다. 그 그림책들 중 『로

13-1 『로미오와 줄리엣』
"내 마음을 준 단 한 사람이 원수의 자식이라니!"

미오와 줄리엣」을 살펴보도록 하겠습니다.

『로미오와 줄리엣』은 원수로 지내는 두 집안 남녀간의 사랑을 그리고 있습니다. 남녀간의 사랑을 그린 문학작품들에서 자주 나오는 구도입니다. 이러한 구도는 실제로 현실에서도 많이 나타납니다. 현실적인 개연성이 많다는 것이지요.

>유모가 허둥대며 자리를 뜨고 나자 로미오는 몸서리를 쳤습니다.
>"원수 집안의 여자한테 마음을 빼앗기다니!"
>손님들이 떠나기 시작하자, 줄리엣도 유모를 불렀습니다. 그리고 진짜로 알고 싶은 단 한 사람의 이름을 들으려고, 유모에게 몇몇 젊은 남자들의 이름을 물었습니다. 하지만 그 이름을 듣는 순간, 로미오가 그랬던 것처럼 그녀도 무서움에 몸을 떨었습니다.
>"내 마음을 준 단 한 사람이 원수의 자식이라니!"
>줄리엣은 신음하듯 중얼거렸습니다.[94]

인간에게 주어진 축복 중 남녀관계는 아주 큰 축복입니다. 태어나는 것과 죽는 것은 사람 마음대로 할 수 있는 게 아닙니다. 태어남과 죽음 사이에서 태어남과 죽음에 버금갈 정도로 사람 마음대로 할 수 없는 것이 이성간의 사랑입니다. 태어나는 것은 없는 존재가 있는 존재가 되는 것이고, 죽음은 있는 존재가 소멸되고 없어지는 것입니다. 그렇다면 이성간의 사랑은 무엇일까요? 이성간의 사랑은 존재의 모습을 바꾸는 것입니다. 인종, 연령, 직업, 신분을 뛰어넘어 자유의지로 존재의 모습을 바꾸는 것이 바로 이성간의 사랑입니다. 그렇기 때문에『로미오와 줄리엣』에서 두 집안이 원수지간이라는 것은 아주 중요한 모티프입니다.

"로잘린은 어떻게 하고?"
"그 여잔 이제 제게 아무것도 아니에요! 줄리엣만이 제 사랑의 전부예요. 게다가 줄리엣도 저를 사랑합니다. 저희 둘을 결혼시켜 주시겠어요?"
"현명하게, 그리고 천천히 해야 하네, 로미오. 급하게 달리다 보면 넘어지기 십상이야."
신부가 말했습니다. 그리고 잠시 로미오를 뜯어보더니 이렇게 덧붙였습니다.
"그래도 말이야, 딱 한 가지 이유 때문에 자네를 돕겠네. 이 결혼으로 자네들 두 집안의 싸움이 끝났으면 해서야."**95**

신부가 주례를 서주겠다고 나선 이유는 딱 한 가지입니다. 두 집안의 싸움이 끝났으면 해서이지요. 이것이 사실 『로미오와 줄리엣』의 메시지입니다. 다른 어떤 것으로도 평화는 보이지 않습니다. 그래서 철학자 버트런드 러셀은 이 세계의 평화가 오기 위해서는 이민족과의 결혼이 유일한 방법이라고 했습니다.

"오, 내 사랑, 내 아내. 죽음이 꿀처럼 감미로운 그대의 숨결은 앗아갔지만, 그대의 아름다움은 어쩔 수 없었나 보오. 나는 여기서 그대와 함께 머물며, 이 어두운 밤의 궁전에서 한 발짝도 떠나지 않으리라. 나의 두 눈아, 마지막으로 보아 두어라. 나의 두 팔아, 마지막으로 안아 보아라."

로미오는 줄리엣을 품에 안고 마지막 입맞춤을 하였습니다. 그리고 독약을 입으로 가져갔습니다. 죽음을 부르는 독이 순식간에 몸 전체로 퍼져 나갔습니다. 로미오는 곧 죽은 몸이 되어 줄리엣 곁에 나란히 누웠습니다.

로미오가 마신 독약은 진짜였으나, 줄리엣이 마신 것은 그렇지 않았습니다. 줄리엣은 조금씩 깨어나기 시작했습니다. 그 때서야 묘지에 도착한 로렌스 신부는, 패리스와 로미오가 모두 죽어 있는 것을 보고 너무 놀라 입을 다물지 못했습니다.[96]

이 풍경, 이 상황은 이후 수많은 패러디를 낳았습니다. 『햄릿』의 갈대밭 이미지, 『로미오와 줄리엣』의 발코니 장면과 함께 이 풍경은 문학작품뿐만 아니라 영화에서도 수없이 변주되어 나타나고 있습니다.

에스칼루스 왕자는 분노와 슬픔을 같이 느끼면서, 두 젊은이의 부모들을 꾸짖었습니다.

"그대들의 증오에 어떤 천벌이 내려졌는지 보시오. 하늘은 그대들의 기쁨을 빼앗으려고 사랑이라는 수단을 선택했던 것이오."[97]

기독교는 윤리의 종교가 아니라 사랑, 생명의 종교입니다. "하늘은 그대들의 기쁨을 빼앗으려고 사랑이라는 수단을 선택했던 것이오." 이 문장은 원수지간인 두 부모들의 개인적인 만족, 기쁨, 즉 신을 배반한 인간적인 만족을 신이 쳐버렸다는 것입니다. 이것은 두 남녀간의 사랑을 통해서 이루어집니다. 이 작품이 대작일 수 있는 이유이기도 하지요. 신이 증오에 가득찬 인간을 벌하기 위한 수단으로 사용하는 것은 파괴적인 단죄가 아니라 꽃봉오리 같은 젊은이들의 사랑이라는 말을 하기 때문입니다.

앞에서도 말했지만, 셰익스피어를 비롯한 괴테, 톨스토이, 도스토예프스키, 카프카 등의 작품들을 충분히 그림책으로 만들 수 있습니다. 그 근거는 작품성에서 찾을 수 있습니다. 세계적인 작가들의 작품들은 검증된 작품성을 뛰어넘어 이미 명작들입니다. 그러기에 사람들이 그림책으로 보고 싶어 하는 것이지요. 앞으로도 세계적인 작가들의 작품들이 그림책으로 나오기를 기대해 봅니다.

주

1 라이너 마리아 릴케, 「두이노의 비가」,『두이노의 비가 외』, 구기성 옮김, 민음사, 2001, p. 15

2 위의 책, p. 15

3 사노 요코 글/그림,『100만 번 산 고양이』, 김난주 옮김, 비룡소, 2002, p. 4

3 위의 책, pp. 16

5 라이너 마리아 릴케, 같은 책, p. 15

6 섀너 코리 글/체슬리 맥라렌 그림,『치마를 입어야지, 아멜리아 블루머』, 김서정 옮김, 아이세움, 2003

7 마리 홀 에츠 그림/글,『나랑 같이 놀자』, 양은경 옮김, 시공주니어, 1994, p. 9

8 위의 책, p. 23

9 숀 탠 글/그림,『빨간 나무』, 김경연 옮김, 풀빛, 2002

10 모리스 샌닥 그림/글,『괴물들이 사는 나라』, 강무홍 옮김, 시공주니어, 1994, p. 38

11 로렌스 데이비드 글/델핀 뒤랑 그림,『변신』, 고정아 옮김, 보림, 2000

12 토니 로스 글/그림,『신통방통 제제벨』, 민유리 옮김, 베틀북, 2002

13 토니 로스 글/그림,『오스카만 야단 맞아』, 김서정 옮김, 베틀북, 1997

14 토미 웅거러 글/그림,『제랄다와 거인』, 김경연 옮김, 비룡소, 1996

15 E.T.A. 호프만 글/로베르토 이노센티 그림,『호두까기 인형』, 최민숙 옮김, 비룡소, 2001, p. 17

16 위의 책, pp. 18~19

17 위의 책, pp. 59~61

18 위의 책, p. 62

19 위의 책, p. 65

20 위의 책, p. 114

21 케이트 그린어웨이 그림/로버트 브라우닝 글,『하멜른의 피리 부는 사나이』, 김기택 옮김, 시공주니어, 1995, p. 14

22 위와 동일

23 위와 동일

24 위의 책, p. 16

25 위의 책, p. 47

26 위의 책, pp. 40~41

27 로버트 맥클로스키 글/그림, 『기적의 시간』, 김서정 옮김, 문학과지성사, 2002, p. 4

28 위의 책, p. 8

29 위의 책, p. 12

30 위의 책, p. 24

31 위의 책, p. 26

32 위의 책, p. 28

33 위의 책, p. 30

34 위의 책, pp. 40~42

35 위의 책, p. 46

36 앤서니 브라운 글/그림, 『돼지책』, 허은미 옮김, 웅진닷컴, 2001

37 위의 책

38 로버트 문치 글/마이클 마첸코 그림, 『종이 봉지 공주』, 김태희 옮김, 비룡소, 1998

39 위의 책

40 위의 책

41 위의 책

42 위의 책

43 토미 웅거러 글/그림, 『제랄다와 거인』, 김경연 옮김, 비룡소, 1996

44 위의 책, 페이지 표시 없음

45 매리 조슬린 지음/앨리슨 재이 그림, 『바다 건너 저쪽에는』, 김서정 옮김, 문학과지성사, 2002

46 위의 책

47 위의 책

48 미하엘 엔데 지음/라인하르트 미홀 그림, 『벌거벗은 코뿔소』, 김서정 옮김, 문학과지성사, 2001, pp. 4~5

49 위의 책, p. 22

50 위의 책, p. 27
51 위의 책, p. 34

52 오생근 외, 「자동기술과 초현실주의적 이미지」, 『문예사조의 새로운 이해』, 오생근/이성원/홍정선 엮음, 문학과지성사, 1996, p. 245

53 트리스탕 쟈라/앙드레 브르통, 『다다/쉬르레알리슴 선언』, 송재영 옮김, 문학과지성사, p. 137

54 오생근 외, 같은 책, p. 251

55 위의 책, p. 245

56 위의 책, p. 246

57 트리스탕 쟈라/앙드레 브르통, 같은 책, p. 128

58 위의 책, p. 129

59 위의 책, pp. 129~130

60 위의 책, p. 130

61 숀 탠 글/그림, 『빨간 나무』, 김경연 옮김, 풀빛, 2002

62 위의 책

63 앤서니 브라운 글/그림, 『달라질 거야』, 허은미 옮김, 아이세움, 2003

64 마리 홀 에츠 그림/글, 『나랑 같이 놀자』, 양은영 옮김, 시공주니어, 1994, p. 9

65 사노 요코 글/그림, 『100만 번 산 고양이』, 김난주 옮김, 비룡소, 2002, p. 4

66 위의 책, p. 8

67 위의 책, p. 16

68 위의 책, p. 24

69 로렌스 데이비드 글/델핀 뒤랑 그림, 『변신』, 고정아 옮김, 보림, 2000

70 위의 책, 페이지 표시 없음

71 앤서니 브라운 글/그림, 『고릴라』, 장은수 옮김, 비룡소, 1998

72 모리스 샌닥 그림/글, 『괴물들이 사는 나라』, 강무홍 옮김, 시공주니어, 1994, p. 10

73 위의 책, p. 14

74 위의 책, p. 16

75 위의 책, pp. 20~21

76 위의 책, pp. 24~25

77 위의 책, pp. 32~33

78 사라 파넬리 글/그림, 『신화 속 괴물』, 김서정 옮김, 보림, 2004, p. 5

79 위의 책, pp. 6~7

80 위의 책, p. 23

81 위의 책, p. 24

82 로빈 허스트?샐리 허스트 지음/롤랜드 하비?조 레빈 그림, 『나는 우주 어디에 있는 걸까?』, 장경렬 옮김, 문학과 지성사, 2002, p. 12

83 위의 책, pp. 28~31

84 리사 타운 버그렌 글/로라 J. 브라이언트 그림, 『하나님이 너를 주셨단다』, 김서정 옮김, 몽당연필, 2002

85 위의 책

86 레오 딜런, 다이앤 딜런 글/그림, 『무슨 일이든 다 때가 있다』, 강무홍 옮김, 논장, 2004, 페이지 표시 없음

87 샤를 페로 글/안느 롱비 그림, 『당나귀 공주』, 이경혜 옮김, 베틀북, 2003

88 위의 책

89 위의 책

90 위의 책

91 위의 책

92 폴 오 젤린스키 글/그림, 『룸펠슈틸츠헨』, 이지연 옮김, 베틀북, 2001

93 브루스 코빌 다시 씀/데니스 놀란 그림, 『로미오와 줄리엣』, 구자명 옮김,
 미래M&B, 2002

94 위의 책

95 위의 책

96 위의 책